DEPENDÊNCIA QUÍMICA

Leonidas Silva Tonico
Maria Diamantina Castanheira dos Santos

DEPENDÊNCIA QUÍMICA

Compreender a doença
para propiciar a recuperação

Dados Internacionais de Catalogação na Publicação (CIP)
(Câmara Brasileira do Livro, SP, Brasil)

Tonico, Leonidas Silva
Dependência química : compreender a doença para propiciar a recuperação / Leonidas Silva Tonico, Maria Diamantina Castanheira dos Santos. -- São Paulo : Paulinas, 2019. -- (Coleção saúde e bem-estar)

ISBN 978-85-356-4509-5

1. Dependência química 2. Dependência química - Prevenção 3. Reabilitação 4. Saúde - Aspectos sociais I. Santos, Maria Diamantina Castanheira dos. II. Título. III. Série.

19-24852 CDD-362.2918

Índice para catálogo sistemático:
1. Dependência química : Recuperação : Problemas sociais 362.2918

Iolanda Rodrigues Biode - Bibliotecária - CRB-8/10014

1ª edição – 2019
1ª reimpressão – 2023

Direção-geral:	*Flávia Reginatto*
Editora responsável:	*Andréia Schweitzer*
Copidesque:	*Ana Cecilia Mari*
Coordenação de revisão:	*Marina Mendonça*
Revisão:	*Sandra Sinzato*
Gerente de produção:	*Felício Calegaro Neto*
Projeto gráfico:	*Jéssica Diniz Souza*
Capa e diagramação:	*Tiago Filu*

Nenhuma parte desta obra poderá ser reproduzida ou transmitida por qualquer forma e/ou quaisquer meios (eletrônico ou mecânico, incluindo fotocópia e gravação) ou arquivada em qualquer sistema ou banco de dados sem permissão escrita da Editora. Direitos reservados.

Paulinas

Rua Dona Inácia Uchoa, 62
04110-020 – São Paulo – SP (Brasil)
Tel.: (11) 2125-3500
http://www.paulinas.com.br – editora@paulinas.com.br
Telemarketing e SAC: 0800-7010081

© Pia Sociedade Filhas de São Paulo – São Paulo, 2019

SUMÁRIO

Considerações iniciais 7

As substâncias psicoativas 13
    Álcool..13
    Maconha..16
    Cocaína e outras substâncias proibidas 19
    Substâncias psicoativas controladas (medicamentos) 20
    Danos à saúde causados pelo uso de substâncias
    psicoativas (que não a dependência em si)......................22

Ele antes da doença 25
    Ele, o vulnerável..25
    O aspecto social..32

A dependência 37
    Emoções...39
    Voltemos ao usuário..43
    A doença é progressiva..45
    O amor do dependente 49

A consciência 53

Mecanismos de defesa 57
    Mentiras...57
    O saudosismo 57

A doença como culpada 58
O processo inteligente: "eu sei" 58
Projeção 58
Minimização 58
Justificativas 59
Supressão 59
Repressão 59
Apagamentos 60

Faces da desestrutura emocional 63
Comportamentos típicos 66

O fundo do poço 85

A família 89
O início 89
A tradição familiar 90
O conceito de "doença" 91
Pessoas e ambientes da ativa 93
O caráter do doente 94
O custo das doenças 95
O vínculo emocional 96
Os erros de amor 96
O prazer do uso de drogas 101
A ilusão do prazer 103

Os hábitos 107

O aspecto material da espiritualidade 117

O aspecto espiritual 121
O relacionamento com Deus 133
Como se deve orar 136

CONSIDERAÇÕES INICIAIS

Este pequeno trabalho representa uma tentativa de abordar, da maneira mais simples possível, uma parcela de dados que permita o entendimento do que é essencial na doença *dependência química*.

É um entendimento desenvolvido por mais de trinta anos, no trato com os mais variados aspectos, mesmo antes de a dependência química ser considerada como é atualmente, pela OMS (Organização Mundial da Saúde), no final da década de 1980. Naquela época pensávamos que mudanças consideráveis pudessem ocorrer, finalmente, sob todos os aspectos que englobassem a dependência química. Estávamos redondamente enganados, pois, com o passar dos anos, dada a importância do assunto, as modificações vieram muito timidamente e, algumas, mais para confundir do que para esclarecer, principalmente no enfoque da recuperação e da prevenção.

Aos responsáveis, parece que basta proibir e/ou divulgar medidas proibitivas, como a venda para menores de dezoito anos, e o uso por quem dirige, no que se refere às bebidas alcoólicas, e, também, proibir as outras substâncias psicoativas (drogas). Parece preencher todas as lacunas o fato de elas serem vedadas, não havendo nada mais a esclarecer.

Considerando algumas abordagens com relação ao alcoolismo, feitas em nosso primeiro livro, *Alcoolismo: como enfrentar e superar* (publicado por Paulinas Editora em 1995, teve 5 reedições e mais de 10 mil exemplares vendidos; atualmente encontra-se fora de catálogo), resolvemos enriquecer o assunto nesta nova publicação, arrolando dados que vivenciamos com nossa própria dependência química, e com o aprendizado longo desses mais de trinta anos de trabalho juntos – que, da maneira mais simples e "familiar" possível, pretendemos transmitir a vocês, nossos amigos e leitores.

A convivência com os resultados dessa medida proibitiva, da maneira como é feita, soa como mais uma atitude unilateral das autoridades, como tantas outras, sem que haja necessidade de outro esclarecimento sobre a dita proibição. Algo parece ter sido deixado inacabado sobre o assunto, quando fatos graves ocorrem envolvendo o uso, com hospitalizações e até mortes, por ocasião de trotes e outras brincadeiras, como tem acontecido. Considero muito perigoso e injusto atribuir tais comportamentos à falência de atributos da nossa juventude.

Principalmente por envolver jovens em formação, sob todos os aspectos, acredito que aos pais, educadores e ao público que lida diretamente com menores, caberia saber que os jovens nessa faixa etária não têm o sistema emocional completamente formado, e que é extremamente perigosa a utilização de uma droga que vai, com toda certeza, influenciar no desenvolvimento natural desse sistema tão importante, criando uma ilusão de sentimentos que, fatalmente, irá influir no seu relacionamento em todos os aspectos de sua existência.

Com o consumo do álcool, por exemplo, seu filho, fatalmente, se tornará um adulto só por fora. Vai parar de crescer emocionalmente de maneira natural, e seu comportamento se tornará cada vez mais infantil. A verdade, bem trabalhada e divulgada com todas as suas nuanças, teria maior impacto que uma simples proibição.

Todos conhecem essa proibição. Sabem das estatísticas existentes divulgando ocorrências graves diante da falta de respeito a essa medida, o que evidencia ser ela mais um capricho das autoridades do que um alerta importante sobre os inúmeros malefícios que o álcool pode causar, tanto a si quanto aos outros.

O desrespeito a tal proibição, não só pelos jovens, mas por grande parte da população, parece mais uma tentativa de demonstrar falta de respeito por quem "inventou" a lei do que uma verdadeira percepção das reais consequências disso.

Não conheço campanhas amplas no sentido de esclarecer os cidadãos que o álcool interfere nos seguintes aspectos, quando se está ao volante:

a) Resposta sensitiva: capacidade de o ser humano responder, por atitudes, a um comando cerebral. Ou seja, dirigindo, o cérebro identifica um obstáculo ou um ser humano à frente e ordena que o motorista acione o freio. Ele pode frear, mas, se tiver bebido, jamais o fará no tempo necessário para evitar um acidente.

b) Tamanho das formas e dimensões: dificilmente, sob o efeito do álcool, o motorista avaliará corretamente o tamanho tanto de seu quanto do outro carro, as dimensões da pista, dos obstáculos etc.

c) Velocidade no trânsito: o motorista, sob efeito do álcool, perde a noção exata tanto da sua velocidade quanto da velocidade do outro veículo.

d) Coragem ilusória: acrescente-se aos comprometimentos enumerados, além de outros, a coragem ilusória do motorista ao volante, sob o efeito do álcool.

Um aspecto importante a considerar é que, com o desenvolvimento da dependência do álcool, esses comprometimentos farão parte do quadro da doença, com o doente alcoolizado ou não.

AS SUBSTÂNCIAS PSICOATIVAS

Álcool

É inegável que houve um relativo avanço, principalmente no aspecto da desintoxicação do álcool, com o surgimento de novos medicamentos e a adoção de técnicas que substituíram a sedação do paciente. Entretanto, a recuperação da dependência psicológica ainda depende mais do trabalho de uma equipe multidisciplinar, do envolvimento da família e do próprio paciente, do que da medicina tradicional.

Incrivelmente, grande parte da população ainda confunde alcoolismo com o ato de beber. A sociedade, principalmente as famílias, não sabe ou não entende que um alcoólatra não consegue beber da mesma maneira que a maioria das pessoas, moderadamente, de maneira responsável, sem causar vexames ou partir para a agressão.

O alcoólatra começa a beber pelos mesmos motivos que os não alcoólatras. Em algum momento, porém, seu comportamento diante da bebida começa a se diferenciar do padrão da maioria. Ele sonha em poder beber socialmente, como os demais, e se agarra a isso. Contudo, por mais que tente, não consegue se controlar, até o ponto em que não consegue mais parar sozinho.

Desde muitos anos atrás, a perda do controle sobre o álcool, verificada nos alcoólatras, foi pesquisada incansavelmente, já que eles representavam, e ainda representam, uma pequena parcela da população.

As primeiras pesquisas, desenvolvidas por volta de 1975, foram dedicadas a identificar a personalidade do alcoólatra. Mas foram abandonadas, por não terem chegado a qualquer resultado e, principalmente, por constatarem que os maiores problemas psicológicos do alcoólatra surgem depois que ele desenvolve a dependência e não antes, como se presumia. Tais pesquisas, então, passaram a se concentrar no organismo do doente, e descobertas interessantes começaram a surgir.

Curiosamente, em junho de 1980, a empresa americana Joseph E. Seagram and Sons Inc., naquela época subsidiária americana da maior destilaria e fabricante de vinhos do mundo, fez uma doação de mais de 5 milhões de dólares à Escola de Medicina da Universidade de Harvard (Boston, EUA), para que fossem pesquisados os principais aspectos biológicos, químicos e genéticos do metabolismo do indivíduo alcoólatra. Esse estudo, e outros semelhantes, sobre as condições físicas e não sobre a personalidade do indivíduo, revelaram inúmeras diferenças fisiológicas entre alcoólatras e não alcoólatras. Aquelas descobertas, no seu conjunto, explicaram a vulnerabilidade ao álcool e o início do alcoolismo.

Em linhas gerais, o problema inicia-se no fígado do indivíduo, que não produz determinada enzima e permite que uma substância presente no álcool, conhecida como *acetaldeído*, acumule-se no seu corpo e, pela corrente sanguínea, atinja o cérebro. Ali, o acetaldeído se junta com a *dopamina*, uma amina encefálica indispensável para a atividade normal do cérebro, e a conjunção dessas duas substâncias formam uma terceira, conhecida como *tetrahidroisoquinolina*, batizada como THIQ, que, segundo especialistas, cria no alcoólatra a compulsão pelo álcool. Ocorre que o THIQ só era encontrado no cérebro de alcoólatras. Posteriormente, foi verificado que o THIQ também é encontrado no cérebro dos consumidores de heroína.

Os pesquisadores constataram que o THIQ, depois de formado no organismo, não pode mais ser eliminado, ainda que o alcoólatra deixe de beber.

Ainda naquela época, o doutor Charles Lieber, chefe do programa de pesquisas sobre moléstias do fígado e nutrição do então Bronx Veterans Hospital (Nova Iorque, EUA), julgou que a ausência da enzima que metabolizava o álcool era provocada pelo próprio álcool. Posteriormente, o doutor Marc Schuckit, psiquiatra e pesquisador da Universidade da Califórnia, constatou a falta da enzima acetaldeído no fígado de alcoólatras, mesmo antes deles começarem a beber.

Em decorrência dessa e de outras descobertas, as pesquisas sobre o alcoolismo passaram a se concentrar no corpo, e a doença começou a ser caracterizada como uma *predisposição orgânica*.

A hereditariedade do alcoolismo teve um grande pesquisador, na figura do psiquiatra americano Donald Goodwin, tendo acumulado provas que indicaram claramente que muitas anomalias existentes antes do alcoólatra beber foram herdadas geneticamente de seus antepassados. Durante anos de estudo com filhos de pais alcoólatras, o cientista constatou que eles têm quatro vezes mais probabilidades de desenvolver a dependência do álcool do que filhos de pais não alcoólatras.

O *Projeto Genoma,* empreendimento internacional que teve início em 1990 e que pretende identificar e fazer o mapeamento dos cerca de 80 mil genes que se calculava existirem no DNA das células do corpo humano, e também determinar a sequência dos 3 bilhões de bases químicas que compõem o DNA humano, elevou para 60% as probabilidades da transmissão hereditária da predisposição para o alcoolismo.

Aqueles estudos abalaram as teorias de que os filhos desenvolvem a doença porque aprendem o "mau hábito" dos seus pais, pois já foi constatado que filhos de pais alcoólatras adotados por famílias em que não há indivíduos alcoólatras desenvolvem a doença na mesma proporção dos que convivem com pais doentes.

Maconha

Existe uma imagem bastante comum, divulgada em filmes ou em qualquer outro meio de comunicação, que mostra um usuário de maconha, adulto ou jovem, rindo ostensivamente e de maneira até convulsiva...

Há um motivo aparente para esse riso. Só que esse motivo só existe na percepção daquele que ri. Ele está rindo por algo que não é perceptível aos outros espectadores. É como se estivesse num estado mental alucinatório.

Sabe-se que as manifestações emocionais são fruto de uma interpretação do ser humano sobre os diversos aspectos captados pelos seus sentidos. Essa interpretação gera, no cérebro, a fabricação de químicas responsáveis pelo prazer. No caso da manifestação de riso, ou de prazer, a que estamos nos referindo, a responsável é a influência externa de um dos componentes da substância psicoativa chamada *maconha*.

Imagine que, durante o uso da substância, a pessoa seja acometida por duas fontes geradoras de químicas de prazer, uma natural, gerada pelo cérebro, e outra artificial, criada pela substância. Com o tempo de uso da substância artificial, a produção da fonte natural fica comprometida e a sensação de prazer que provoca o riso tende a diminuir. A solução, então, é aumentar a quantidade dessa substância geradora do prazer artificial. Em consequência disso, o usuário passa a se tornar dependente dela.

Algumas considerações particulares:

- Qualquer substância psicoativa é constituída de vários componentes e um princípio ativo. A maconha não é diferente e possui várias substâncias, centenas até. Duas, no entanto, chamam atenção, uma batizada de *canabinol*, que a ciência vem comprovando ter efeito medicinal, inclusive para a esquizofrenia e outras desestruturas de pensamento. O problema é que o canabinol é uma parte mínima da maconha, quantificada atualmente em 0,6%, e, para que possa ter seu efeito aproveitado, precisa ser separado de todos os outros componentes, inclusive do seu princípio ativo, conhecido como *tetrahidrocanabinol* (THC), que constitui a maior parte da maconha, quantificado em 6%, e que é extremamente prejudicial à saúde, principalmente pelo seu efeito alucinógeno.

- A maconha já teve seu uso permitido. Inclusive foi a última substância psicoativa a ser proibida, em 1935, quando a ciência pôde separar e identificar seu princípio ativo. O ideal seria questionar se o motivo pelo qual foi proibida ainda é válido.

- É fácil, no Brasil, criar conceitos que não precisam ser cumpridos. No caso da maconha, podem-se adotar normas que já existem, bastando copiá-las:

Proibida para menores de 18 anos; e, se dirigir, não use.

Porém, eis alguns dos comprometimentos ocasionados pelo uso da maconha, listados pela ciência:

- Reduz a capacidade de concentração em 40% dos usuários.
- Reduz a memória de curto prazo em 60% dos usuários.
- Reduz a inteligência em 8 pontos de QI.
- Aumenta 3,5 vezes a probabilidade de esquizofrenia.
- Aumenta em 2 vezes a incidência de depressão.
- Aumenta em 5 vezes os transtornos de ansiedade.
- Aumenta em 4 vezes a fobia social.
- Eleva em 2,5 vezes o risco de câncer de boca e garganta.
- Eleva em 8% a probabilidade de câncer de pulmão.

- Eleva em 5 vezes o risco de ataque cardíaco.
- Eleva em 4 vezes a incidência de câncer de cérebro em crianças cuja mãe usou a substância durante a gravidez.

Em que pese a importância dos comprometimentos enumerados, existem alguns deles que podem ser identificados durante a convivência com um usuário, tais como:

- manifestação de fadiga;
- depressão e variações constantes de humor;
- perda de ambição, conhecida como *síndrome amotivacional*, identificada por uma inabilidade ou incapacidade de realização.

Cocaína e outras substâncias proibidas

A ciência trouxe a cocaína para o seu meio, como substância psicoativa, quando determinou o seu princípio ativo em 1820. A partir daí, ela foi comercializada livremente como remédio, vendido nas drogarias. Muitos foram os laboratórios envolvidos, alguns existentes e famosos até hoje. O ópio era comercializado em infusões alcoólicas. A morfina era comercializada como xarope calmante para crianças. A heroína também entrou para a lista de remédios. Surgiu, então, a Coca-Cola, um remédio indicado para a exaustão e como tônico cerebral, fabricado à base de cocaína.

Tais remédios, tendo a cocaína como seu princípio ativo, eram vendidos nas *drogarias*, atualmente substituídas pelas *farmácias*.

Essa situação durou até o início de 1996, quando a medicina começou a aprender a fabricar substâncias psicotrópicas, que passaram a substituir os remédios que tinham a cocaína como princípio ativo.

Como até a presente data ainda não foi questionada a liberação da cocaína, os seus efeitos danosos persistem, sem que haja tanto espaço para discussão pública sobre o assunto, como tem ocorrido com a maconha, até que seja também questionada sua liberação.

Substâncias psicoativas controladas (medicamentos)

Atualmente, a circulação e venda dos medicamentos abrangem três modalidades:

- medicamentos de uso *permitido*;
- medicamentos de uso *controlado*, que são aqueles conhecidos como *substâncias psicoativas*: extremamente danosos quando utilizados sem o controle prescrito;
- substâncias psicoativas que tiveram seu uso proibido, por terem sido substituídas por outras menos prejudiciais ou consideradas mais eficazes.

Um aspecto que chama bastante atenção, principalmente para quem trabalha na recuperação de dependência química, é o aumento crescente do número de dependentes de drogas psicoativas receitadas (medicamentos), uma vez que, sob o ponto de vista científico, não há diferença entre um dependente de substâncias psicoativas lícitas ou ilícitas. Já foram abordados três fatores que influenciam o crescimento cada vez maior de medicamentos controlados:

1) a máquina de propaganda da indústria farmacêutica;

2) o desconhecimento ou falta de responsabilidade de muitos profissionais; e

3) a ignorância dos usuários.

A Organização Mundial da Saúde recomenda um número mínimo necessário de farmácias para um atendimento confortável a qualquer população. No Brasil, estatísticas mostraram que a quantidade de farmácias existentes em cada cidade é maior que a de padarias. Na época do levantamento, o número foi considerado alarmante, segundo comentou o órgão responsável pelo estudo. Considere que a situação piora cada vez mais. Já se chegou a aventar que o lucro das indústrias farmacêuticas só é menor que o das companhias de petróleo.

Parece piada, mas não é. Imagine um medicamento lançado como supressor hormonal, indicado para doenças da próstata; com o tempo, foi verificado que tal remédio tinha como efeito colateral o crescimento de cabelo – o laboratório então relançou o medicamento contra a calvície. Outro exemplo registrado foi um medicamento usado como antidepressivo, cujo efeito colateral era a perda da vontade de fumar – o medicamento foi relançado como remédio contra o vício de fumar.

Laboratórios já foram acusados de intervir de forma abusiva no setor médico. Entre as acusações dos setores responsáveis, estão aquelas advindas dos usuários que, após terem a doença da dependência instalada, deixam de ser inocentes úteis para se tornarem protagonistas à caça de um alívio para seus sofrimentos.

Entre vários os fatos relevantes sobre a dependência de medicamentos, um chamou atenção, e foi motivo de reportagem em uma grande emissora de TV. Diz respeito aos habitantes de uma cidade chamada Conceição do Castelo, no Estado de Espírito Santo, onde a maioria da população sofria de dependência química causada pelo abuso de medicamentos tido como controlados.

Enfim, existem várias denúncias de órgãos de comunicação sobre o malefício que medicamentos de uso controlado causam à população. Denúncias até de médico renomado, com mais de seis anos de trabalho na Organização Mundial de Saúde, condenando laboratórios por excesso de ganância e o Governo por falta de ação.

Quando da conceituação da dependência química como doença, instituiu-se que droga psicoativa ou substância psicotrópica é toda substância química que age no sistema nervoso central, alterando a função cerebral, mudando temporariamente a percepção, o humor, o comportamento e/ou a consciência. Na definição desse conceito, foram incluídos os medicamentos controlados.

Danos à saúde causados pelo uso de substâncias psicoativas (que não a dependência em si)

Considere seu espanto, caso você lesse: "Beber uma taça de qualquer produto que contenha álcool eleva em 9% o risco de uma pessoa ter tumores de cólon, em 28% o surgimento de câncer de esôfago e em até 16% a possibilidade de o indivíduo vir a desenvolver câncer de boca, faringe ou laringe".

Inacreditável é poder supor que um dia uma instituição francesa respeitável pudesse ter recomendado a suspensão, pelos franceses, de qualquer bebida alcoólica, inclusive o vinho. Sim, leitores, o vinho. É evidente que não iria conseguir cumprir essa sugestão. No entanto, ela aconteceu e foi feita pelo Instituto Nacional do Câncer da França, baseado em relatório de pesquisas. Tal documento, batizado de *Nutrição e prevenção ao câncer*, teve seu relatório e conclusões baseados em pesquisas de instituições francesas e americanas sobre o tema. O relatório acrescenta que o álcool causa ainda uma deficiência no aproveitamento do ácido fólico, ocasionando maior risco de câncer retal. Também é conhecida, aponta o relatório, a associação do álcool com tumor e câncer de fígado.

No que se refere às bebidas alcoólicas, um fator a ser considerado são algumas abordagens sobre o vinho, uma das quais bem recente, publicada numa revista de circulação e credibilidade considerável no Brasil. Observe: "... o segredo do vinho está no resveratrol, composto fitoquímico presente na casca da uva. O resveratrol impede a ação dos radicais livres...". O articulista não está falando do vinho, mas das qualidades da uva. Parece esquecer que a essas qualidades é adicionado o acetaldeído do álcool...

ELE ANTES DA DOENÇA

A abordagem, tendo em conta jovens de classe média baixa, ou de camadas pouco privilegiadas socialmente, pode levar uma parte das famílias, com poder aquisitivo mais alto, a considerar que o perigo do consumo de drogas existe somente nas classes sociais menos privilegiadas.

É um engano!

Todos estão vulneráveis, e muito mais vulneráveis estão aqueles que possuem o que as drogas requerem: muito dinheiro.

Imagine que, em alguns países, a classe média baixa, ou as denominadas camadas pouco privilegiadas, é consideravelmente bem maior que a camada socialmente "privilegiada". E é claro que os problemas que ocorrem nas camadas com maior número de gente são bem mais elevados.

Ele, o vulnerável

Ele foi gerado como qualquer outro ser humano. No ventre da sua mãe era alimentado através do cordão umbilical. Pode-se dizer que ele comia e bebia o que sua mãe comia e bebia.

Além da alimentação, também pelo cordão umbilical recebia a herança genética de sua família, não só em linha direta do papai e da mamãe, mas também de seus avós, bisavós etc.

Essa herança terá influência considerável na vida dele, mas ele não sabe disso e, talvez, dependendo de sua educação, nunca vá saber.

A herança genética representa, em termos percentuais, uma indicação importante da vulnerabilidade de todos os seres humanos à maioria das doenças existentes, inclusive a dependência química. Essa herança não indica taxativamente que o usuário vá desenvolver a doença de seus antepassados, mas representa um fator de risco considerável para o seu desenvolvimento. Ao saber dessa herança, o indivíduo teria de adotar cuidados e até evitar hábitos que possam contribuir para o surgimento da doença.

Mas ele não sabia disso.

Ao nascer, além da herança genética, eram parte da constituição dele, como ser humano, os instintos considerados de sobrevivência, como o sono, a sede, a fome e o sexo, este, muito mais para a continuação da espécie.

Analisemos juntos: se o ser humano nascesse sem esses instintos, estaria correndo um grande risco, pois, como ainda não sabe falar, não teria como expressar suas necessidades básicas. Portanto, os instintos funcionam como um aviso para indicar aquilo de que ele precisa. Por exemplo, quando algo causa desconforto na criança, agredindo os seus instintos de sobrevivência, ela chora, grita etc., dando sinais de que tem de ser socorrida. É como se fosse uma campainha, que serve até de orientação para as mamães de primeira viagem. Todo bebê tem essa "campainha", e ela só é desligada quando ele fica satisfeito. À medida que a criança cresce, surge, então, a necessidade de ela ser educada para expressar suas necessidades de outra maneira.

A criança tem como característica o *egoísmo*, ou seja, tudo deve ser só dela.

Imagine ele, filho de uma família abastada, tendo os seus desejos atendidos (*todos*), *sempre que queria*. Ele sabia como conseguir o que queria, era só abrir o berreiro.

Ele foi crescendo com esse egoísmo intacto, e mesmo evidências claras não alertavam a família para essa manifestação inadequada. Ainda que elas indicassem algo de errado, como o que aconteceu um dia no supermercado, quando ele, por querer algo que não lhe davam, abriu o berreiro, jogou-se no chão, bateu as mãos e os pés, ficou vermelho e chamou a atenção de todos. Foi um escândalo, uma vergonha, e a solução foi tirá-lo dali às pressas.

Depois do fato, dava pena olhá-lo, era como se tivesse sido espancado, soluçava com a aparência de quem tinha levado uma surra. E, na verdade, no seu entendimento de criança, ele tinha sido muito machucado, não atenderam a sua vontade, como sempre faziam. E assim cresceu ele, e, mesmo já adolescente, seu egoísmo de criança estava praticamente intacto.

É até errado considerar que "tinha tudo do bom e do melhor", como se costuma dizer. O certo é que tinha tudo o que queria. Ele cresceu praticamente sem limites e, esses limites, quando impostos, eram quase sempre uma moeda de troca: se fazia, ganhava. Não tinha capacidade de suportar qualquer frustração – na verdade, pensava ser invulnerável. Já ouvira falar de viciados em drogas, aqueles que se deixavam levar. Ele estava protegido: tinha dinheiro, nome, família conhecida, portanto, era diferente.

Existia, dentre as certezas que conhecia, uma que se sobrepunha a todas as demais:

> *Ele não era dependente químico!*

E, a essa certeza, ele acrescentou sua convicção de que jamais se tornaria um.

Então, completamente desinformado ou deseducado, desconhecia o perigo que corria e, pela ordem natural das coisas, um dia conheceu amigos que usavam drogas. Observou que eles alardeavam uma felicidade diferente da sua, uma "coragem" para impor novas regras de vida, fato que, para ele, era o exercício de uma liberdade que não conhecia – era a maturidade exercida de maneira diferente. Era só *lazer*, diziam e pensavam... E havia também a questão de que, se recusasse o convite para usar a droga, isso poderia demonstrar um sinal de fraqueza, algo que não se poderia permitir, afinal, todos o conheciam pelo seu arrojo e desprendimento.

E, assim, ele consumiu a droga pela primeira vez. Não experimentou o efeito prometido e, na verdade, até se sentiu um pouco mal. Isso lhe permitiu comprovar a sua diferença – como pensara, não era igual a ninguém. Por conta das influências, voltou a usar o entorpecente, quando, então, experimentou uma sensação sem igual. Uma euforia indescritível e uma coragem adicional que parecia torná-lo capaz de qualquer coisa. Ele só não sabia que essa sensação era ilusória e extremamente perigosa, pois, para senti-la, não precisaria conviver com o mundo nem com as pessoas, e isso significava uma completa ausência de limites. Limites que até agora respeitara, em que pesasse sua ideia excessiva de posse. E, num crescente, seu lazer foi se tornando diferente. Pelo que entendia, seu lazer era algo que só dizia respeito a si próprio. Continuaria a frequentar as reuniões com a família e a participar das suas atividades sociais, assim pensava ele.

Aqui cabe um parêntese, não só sobre ele, mas sobre todo ser humano, *e principalmente sobre a dependência química*. A participação de um ser humano normal na vida se dá pelo seu envolvimento e pelo seu desempenho nos aspectos abaixo:

- na vida da família;
- nos estudos;
- no trabalho;
- na vida social;
- no lazer.

Abrimos este parêntese para discutir dois aspectos que uma (felizmente) minoria dos profissionais adora considerar. O primeiro deles se refere ao *uso* e *abuso* de drogas, como se esses dois comportamentos não estivessem intimamente ligados e como se um não existisse sem o outro; e o segundo aspecto é a tão famosa *redução de danos*.

A certeza que se tem é de que o perigo todo começa pelo uso de drogas, pois, sem este, não existiria o abuso. Se ele fosse a um desses profissionais, por qualquer motivo, certamente diriam que não haveria problema em usar a droga, e alguns até o incentivariam a isso. Essa abordagem errada é aceita por esses profissionais, que não consideram o fato de que o uso de algumas substâncias é proibido por lei e que usá-las já constitui transgressão ou violação.

Esses profissionais também parecem desconhecer que a *redução de danos* foi tudo o que ele considerou para iniciar o consumo.

> *"Eu não sou dependente."*

É claro que não. Ele se autoavaliou de maneira correta. O problema é que esse conceito o acompanhará em todo o seu percurso de uso, mesmo quando passar a abusar. Ele não é igual àqueles dos quais ouviu falar. Eles não sabiam consumir corretamente; muitos não tinham família, e alguns até estavam na sarjeta ou na Cracolândia. Ele não. Era diferente.

Afirmava com convicção:

– Só vou usar nos finais de semana.
– Jamais usarei em casa.
– Jamais usarei crack.
– Só beberei cerveja ou whisky.

Enfim, ele reduzia a zero todos os danos que conhecia e/ou ouvia falar sobre aqueles "viciados". Não se via como um deles.

Ocorre que ele tinha razão, *naquele momento*.

Antes, ele usava droga quando encontrava os amigos, mas, com o tempo, passou a procurar os amigos para consumi-la.

Imagine ele num fim de semana, numa praia, com todos aqueles amigos. O ambiente era uma comemoração só. Não se percebia o tempo passar. Quem de fora analisasse o grupo, perceberia que a euforia emanava de cada um, como se fosse um prazer particular. Na verdade, ninguém ouvia ninguém. O tempo passando, o feriado acabando, e alguns menos inconscientes se despediam e retornavam para suas vidas.

Ele sentia o afastamento dos amigos com muito pesar. Agora, o grupo consistia nele e em uns poucos como ele. A vida normal se aproximava e, para a quase totalidade, era necessário "pegar no batente". Ele lamentava intimamente o retorno à normalidade e tentava protelar ao máximo a sua saída daquele ambiente festivo e o retorno à normalidade de sua vida. E, assim, ele e alguns poucos passaram a estender as tardes de domingo; com o tempo, começaram a alongar ao máximo também as noites de domingo. As saideiras se repetiam. Era como se fosse necessário sentir, com sofreguidão, aquela sensação de "liberdade".

A segunda-feira era mortal. Todas as "casas" de diversões fechadas; as pessoas se dedicando a seus afazeres, e ele era como que obrigado a cumprir uma rotina enfadonha...

Sem perceber, ele incluiu a droga, qualquer que fosse, no primeiro aspecto de sua vida: o *lazer*. Agora não existia mais futebol, pescaria, skate, surf, enfim, nada sem droga.

Um dia ele quebraria esse "conceito bobo" de que o lazer tinha que ficar restrito aos finais de semana...

Mesmo desconsiderando as regras claras definidas para o lazer, ele continuava com a certeza de antes: "Eu não sou dependente".

O aspecto social

Só para entendimento, vamos considerar os aspectos sociais a seguir:
- festas;
- casamentos;
- aniversários;
- batizados;
- velórios;
- reuniões de família etc.

O tempo passou e ele foi se afastando cada vez mais dos antigos amigos, dos velhos e "enfadonhos" ambientes. Alimentava, cada vez mais, a necessidade de algo novo, e, assim, passou também a comprometer o aspecto social de sua vida: compromissos sociais, como casamentos, aniversários, reuniões, clubes, esportes etc., passaram a se tornar enfadonhos sem a droga e seus novos amigos. Foi estabelecendo novos hábitos, rotinas, novos ambientes, tudo de maneira adequada a sua nova vida.

Ao ser convidado para participar de qualquer evento social, o primeiro pensamento que lhe vinha era se, em tal atividade, caberia o uso de drogas, e, assim, os eventos foram se descaracterizando, foram perdendo sua finalidade própria e, quando não coubesse a presença ou não se permitisse o uso da droga, todos conseguiam notar o desconforto dele. Era como se não estivesse presente. Imagine, por exemplo, um velório, com as pessoas envolvidas naquele sentimento de pesar, e ele inquieto e quase sempre inadequado. O que ele queria, na verdade, era sair imediatamente dali.

O filho de um amigo completou dois anos e, ao pai, foi cobrada a realização de uma festa de aniversário. "Imagine só, que pai desnaturado que não comemora o aniversário de seu filho"... Tal aniversário realmente foi comemorado: dois barris de chope, bebidas à vontade, e cada um dos participantes munido de sua droga de preferência. Vararam a noite, e um detalhe passou completamente despercebido: desde o início o aniversariante não estava presente.

Casamento não era casamento se não tivesse, logo depois, um local para "comemoração". Muitos, no entanto, e ele podia ser incluído, já compareciam à cerimônia com a sua "comemoração" antecipada...

E, assim, o aspecto social da vida dele foi sendo comprometido com o uso das drogas, e a sua mente continuava com a certeza de antes: *"Eu não sou dependente"*.

O tempo foi passando e ele foi assimilando a nova vida. Como tinha dinheiro, era como se tivesse um fornecedor exclusivo à sua disposição. Alguns problemas existiam, mas foi aprendendo a lidar com seus pais e amigos.

Umas tantas mentiras e manipulações foram sendo aperfeiçoadas, e a prática foi lhe ensinando o melhor modo de conseguir o tempo e o dinheiro necessários para manter essa nova vida.

Imagine um fim de semana em que a família marcara um daqueles encontros familiares "chatos". Ele observava o entusiasmo de todos se preparando para o "nefasto" encontro, enquanto sabia que seus "amigos" o esperavam para aquele fim de semana programado... Precisava sair, mas já tinha esgotado todas as desculpas. Então, sua mente doentia começou a funcionar. Tinha um plano para sair, sem que "eles" desconfiassem.

Sabia que na família só ele fumava. Então, pegou seu maço de cigarro e jogou pela janela, e se vestiu com uma bermuda simples, enfim, com roupa "de casa", para que ninguém desconfiasse. Tudo pronto, perguntou em alto e bom som: "Alguém viu o meu cigarro?". É claro que já sabia que a negativa seria geral. Então, ele tornou a repetir: "Eu vou lá embaixo comprar cigarro". Saiu e só voltou na segunda-feira. Não se importaria se na volta todos questionassem sua ausência. Não fora esta a primeira vez: "Eles já estavam acostumados".

Seus estudos, até agora razoavelmente bem, começaram a lhe atrapalhar. Tinha receio de que os pais descobrissem não só as suas péssimas notas, como as suas ausências no colégio. Não conseguia mais se concentrar em sala ou entender o que era dito por aqueles professores chatos. Escondeu isso dos pais por um bom tempo, até que, por acidente, eles tiveram conhecimento de suas baixas notas e ausências, por um boletim que ele não pode interceptar. Como sempre acontecia, enganou os pais com mentiras e manipulações, sem maiores consequências, inclusive, obteve deles a transferência para um colégio que já tinha em mente. Lá, era só pagar as mensalidades e não teria mais problemas, e também era onde "estudavam" quase todos os seus amigos usuários de drogas.

Mesmo com alguns acidentes de carro, e tendo que se desfazer de alguns objetos de casa, joias da família, além de alguns "incidentes", como furto de dinheiro, conseguia manter o aumento do uso de drogas e pagar as despesas com o traficante e da vida que levava.

Não que ele escondesse isso, pois não percebia que já não era um ser humano normal. Foi matriculado em um colégio que todos conheciam como inferior aos demais. Classificar o colégio como inferior fazia parte de conceitos errados de todos, que não conseguiam ou não queriam enxergar a realidade.

Mesmo comprometendo o estudo, ele continuava com a mesma atitude mental de quando começara com o uso das drogas: "Eu não sou dependente".

E essa convicção do início, de que não era dependente, correta naquele momento, diga-se de passagem, foi acompanhando-o ao longo de sua vida de uso de drogas, mesmo quebrando conceitos que antes instituíra para si próprio, seja com relação à família, ao trabalho, enfim, com relação a todos os aspectos de sua vida.

A DEPENDÊNCIA

Quando ele nasceu, não sabia interpretar o mundo. Foi aprendendo isso aos poucos, primeiramente no relacionamento com sua família e/ou com as pessoas mais próximas de si.

Desde cedo, foi tomando conhecimento de seus desejos, como:

- necessidade de ser bonito;
- necessidade de ser forte;
- necessidade de ser rico;
- necessidade de ser inteligente.

Não é regra geral, porque certamente existe uma parcela de pessoas que ultrapassam a fase da adolescência superando essas necessidades, gostando do que são e de onde estão, e que se sentem bem fazendo seja lá o que for. Convivendo com elas, você percebe que são felizes fazendo qualquer atividade, não se queixam nem resmungam, seja de chuva, seja de sol. Podem não gostar ou não aprovar o que quer que seja, mas não gastam seu tempo resmungando – tiram da vida o que é possível. A ciência classifica essas pessoas de *resilientes*.

Não é dessas pessoas que nós vamos falar.

Nós vamos falar *dele*, que, no tempo certo, não teve a orientação necessária ou a chance de conhecer a si mesmo, para esperar o tempo certo e ultrapassar essa fase de maneira natural.

Não é exagero afirmar que a evolução do conhecimento humano sobre si próprio, principalmente o desenvolvimento de seus sentimentos ou emoções, indica que no futuro deverão existir *escolas emocionais*, onde os jovens, principalmente, aprenderão a lidar consigo mesmos. Com isso, saberão superar as dificuldades, tornando-se responsáveis por seus sentimentos ou emoções, de forma que, na idade adulta, não precisem frequentar consultórios psicológicos ou psiquiátricos, como ocorre hoje em dia. Dessa forma, daqui a algum tempo, o grupo de necessitados de ajuda será cada vez menor que o daqueles que conseguiram, por si próprios, se adequar a normas como aquelas de futuras escolas emocionais. Mas isso ainda é um sonho.

Imagine ele numa dessas festas típicas da juventude, pela primeira vez, sentindo uma espécie de retraimento. Retraimento que o impede de ser natural, de se relacionar com as garotas, de dançar, enfim, de ser simpático. Fica observando o desempenho de seus amigos, com certa inveja de não ser como eles, e, então, sente uma espécie de esvaziamento que o torna diferente de todos, segundo seu próprio conceito. Assim, quando surge uma oportunidade de se relacionar, de se envolver, aquela sensação o invade e domina seu comportamento.

Muitas vezes gagueja, as palavras não fluem; dançando, sente o seu corpo tremer e, quanto mais tenta superar essa sensação, o efeito é pior. Nutre cada vez mais a sensação de esvaziamento, que, na maior parte do tempo, o faz excluir-se da turma. Não sabe que esse sentimento foi criado por ele mesmo e que só ele terá como superá-lo. Por não saber disso, anseia por uma ajuda externa. *Qualquer ajuda externa.*

Um dia essa "ajuda" externa lhe foi oferecida... Ele não recusou. Mesmo inicialmente contido por uma sensação de que fazia algo errado, essa sensação era bem menor do que a angústia de sentir-se inadequado.

Emoções

Emoções ou sentimentos são uma coisa só e representam a energia que o ser humano cria através de sua interpretação do mundo que o cerca, seja no seu relacionamento com pessoas, animais, objetos, fenômenos naturais ou não. Essa interpretação vai para o cérebro e lá ela provoca a criação de químicas como a dopamina, endorfina, serotonina, adrenalina etc. Essas químicas devem ter um parâmetro considerado normal para seu funcionamento, assim, quando a interpretação do indivíduo é boa, segundo o seu ponto de vista, elas geram prazer, e quando muito boa, elas geram euforia. A ausência dessas químicas é provocada pela interpretação ruim, o que causa dor. Os traumas se dão quando a interpretação é insuportável.

A audição, o tato, o paladar, o olfato e a visão são fatores essenciais para que o indivíduo entenda o seu relacionamento com o mundo. Quando um desses sentidos é impulsionado, o que ele absorve é imediatamente encaminhado para o cérebro, para um "lugar" denominado *tálamo*, e ali se realiza a primeira interpretação do contato feito. O tálamo pode ser considerado como o receptor das memórias temporárias. Depois dessa interpretação, o fato é encaminhado para a memória permanente, que se localiza no *córtex*, onde é arquivada.

A partir daí, toda e qualquer outra informação sobre o mesmo fato é encaminhada ao córtex, permitindo a reconsideração ou enriquecimento do fato arquivado.

Não é exagero afirmar que no córtex está guardado todo o nosso passado. Em cima da primeira interpretação, durante o desenvolvimento de sua vida, o ser humano vai reinterpretando ou consolidando os fatos arquivados. A interpretação dos fatos vividos gera uma expectativa. A expectativa cria um sentimento ou emoção de dor ou prazer. As emoções de dor ou de prazer são criadas num local do cérebro denominado *amígdala* (vale considerar que não é a amígdala do pescoço. Parece que a ciência chama de amígdala tudo que se parece com uma castanha...).

Para entendimento, considere o quadro a seguir:

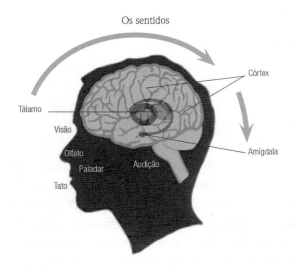

1. Percepção do mundo através dos sentidos (visão, audição, tato, paladar, olfato).

2. O fato captado é levado para a memória temporária (*tálamo*), onde é interpretado.

3. A interpretação do fato é levada para o *córtex*, onde é guardada e passa a fazer parte do passado do indivíduo. A partir daí, quando ele experimenta algo semelhante, fica valendo a interpretação anterior.

4. A interpretação arquivada é encaminhada para a *amígdala*, onde a emoção de dor ou de prazer é instituída.

5. O ser humano toma uma atitude, ou não, dependendo do grau de importância que ele dá à interpretação do fato.

Quando o ser humano se envolve ou é envolvido numa situação cuja interpretação produz uma expectativa de dor ou de prazer que ele considera insuportável, essa interpretação tem, em consequência, o poder de criar uma carga emocional tamanha que ou o impulsiona ou paralisa. Nessa condição, perde a capacidade de consultar o que aprendeu, ou seja, o seu arquivo (a amígdala), ou o seu passado. Sob o domínio dessas emoções, é impulsionado a agir de forma inconsequente ou "irracional".

A memória temporária, que é conduzida para o tálamo, é tão forte, que provoca uma reação ou atitude inconsequente (irrefletida, intempestiva, imediata), e que vai gerar consequências desagradáveis. Depois da atitude irracional, a emoção se "esvazia", o indivíduo volta ao normal e lamenta os efeitos da atitude tomada.

Tomemos como exemplo os conceitos existentes sobre *infância, adolescência* e *idade adulta*, e analisemo-los em comparação com o que já sabemos sobre a importância da interpretação dos fatos na vida de qualquer ser humano.

A interpretação correta do mundo, em geral, é um aprendizado que vai sendo construído aos poucos pelo ser humano ao longo de sua existência:

- *Infância:* nesta faixa etária o relacionamento do ser humano com o mundo se restringe muito mais ao aspecto familiar, com vizinhos, e com aquilo que ouve (e, depois, lê). É sabidamente conhecido por todos, e principalmente pelos educadores, que, nesse período da vida, a criança cria a figura do "amigo imaginário", tão grande é sua necessidade de relacionamento. Ela ouve contos de fadas e interpreta o mundo que a cerca de uma forma muito particular, e ninguém a diagnostica como esquizofrênica.

- *Adolescência:* nesta fase, parece claro que o adolescente teria que reajustar ou reinterpretar os fatos ocorridos na sua infância, de acordo com um aprendizado novo. É como se a sua infância tivesse que ser necessariamente reajustada, segundo os novos aprendizados ou relacionamentos. É claro que, se não ocorrer esse reajuste, ele será um adolescente com comportamentos infantis.

- *Idade adulta:* o ser humano adulto, analisado sob o aspecto emocional, é aquele que reavalia constantemente suas emoções. De maneira prática, podemos entender que as interpretações criadas na infância devem ser reavaliadas na adolescência, assim como as da adolescência não servem para a idade adulta.

Já sabemos que as emoções do ser humano representam a energia que o movimenta ou paralisa, dependendo da interpretação que ele dá aos diversos fatos, e que é muito perigoso manipular esse sistema natural por meio de qualquer fator externo:

> *As substâncias psicoativas interferem na produção natural das químicas responsáveis pelo prazer do ser humano.*

Vale considerar o perigo a que se submete o indivíduo, com suas emoções ainda em formação, seja na infância, seja na adolescência, quando provoca uma alteração (não natural) desse sistema (natural), tanto impedindo seu cérebro de reajustar as expectativas criadas quanto de criar expectativas ilusórias, que certamente irão torná-lo inadequado no futuro.

Voltemos ao usuário

Independentemente da discussão do porquê se usou drogas pela primeira vez, já sabemos que a droga, qualquer que seja, é uma substância psicoativa, ou seja, ela vai atuar no cérebro de quem a usa, ocasionando uma produção artificial de químicas que geram prazer ou aliviam desconforto. Em consequência, durante sua utilização, o usuário passará a produzir dois tipos de químicas: uma natural e outra artificial; como resultado, ele vai sentir prazer em dobro. É uma sensação que ele nunca sentiu.

> *Ele se sente como sonhava ser: mais bonito, mais forte, mais inteligente, mais simpático, mais poderoso – enfim, mais tudo...*

Numa análise superficial, você pode considerar que ele sentira algo que é desejado por todo ser humano. Contudo, entenda ou imagine que grande parcela do que sente é artificial, ou não é real. E que a somatória dessas duas emoções funciona como um combustível que vai fazê-lo agir. Ele não conseguirá ficar parado. Ele se sente liberado para agir. E suas atitudes serão do tamanho, ou compatíveis, de suas emoções distorcidas.

Eis alguns exemplos comportamentais sob o efeito de qualquer droga:

- *A beleza:* tomado pela sensação ilusória de beleza, o usuário se sente livre para agir como um Don Juan. Ninguém estará livre de suas cantadas ou insinuações, desde suas amigas, a empregada, a vizinha e, forçando, até a sua sogra, caso tenha uma.

- *A força:* tomado pela fantasia de vigor físico, irá se envolver em situações de confronto, brigas etc., mesmo que o adversário seja mais forte.

- *A simpatia:* tomado pela sensação de ser atraente, ele "sentirá" que agrada. Independentemente do que fizer.

- *A inteligência:* tomado pela ilusão de inteligência, ele se sente capaz de discorrer, discutir, ensinar, por exemplo, tudo o que se refira ao Tratado de Não Proliferação das Armas Nucleares. Com algumas colocações do usuário, feitas sob o efeito de drogas, com certeza, em pouco tempo ninguém mais prestará atenção ao que ele estará dizendo.

- *O poder:* tomado pelo devaneio de poder, se tiver 100 reais e esse dinheiro for a quantia exata para comprar o remédio que alguém esteja necessitando e que o está esperando no leito de morte, ele sempre pensará que, se tirar 10 reais, isso não fará falta. Usa esses 10 reais para comprar drogas e, sob o efeito delas, gasta de maneira irresponsável os 90 restantes. Paga, inclusive, para os amigos. Se alguém que o conhece presenciar a cena, irá pensar: como é que ele pode fazer isso, sendo que deve para todo mundo? Não adianta tentar compreender o que o doente pensa. Ele pode não estar nem pensando mais. Contudo, aqueles que convivem com ele sempre pensarão.

A doença é progressiva

Acredite, ela é progressiva em todas as áreas, contudo, a área que mais choca é a comportamental, se você considerar que as atitudes do usuário são compatíveis com o que ele sente (que é exagerado, desproporcional).

Chegará um tempo de uso de drogas, em que ele se tornará uma pessoa diferente. Ninguém poderá afirmar quando isso irá acontecer, pois varia de pessoa para pessoa.

É um processo que acontece aos poucos, não se sabe quando. Contudo, um espectador atento poderá perceber que o usuário não desempenha a contento, como antes, as tarefas que lhe são afetas, seja no que se refere ao estudo ou ao trabalho. Falta-lhe energia, ou as emoções naturais que a droga lhe tirou. É como se ele se sentisse abaixo de uma linha de desempenho natural.

Ele próprio percebe que tem algo errado.

Começa, então, a funcionar *um sistema de defesa* que é natural em todo ser humano.

Talvez o problema não seja ele, ou dele.

A maioria das pessoas com as quais ele convive, principalmente seus familiares e amigos antigos, insinuam ou procuram atribuir suas mudanças de comportamento ao uso de drogas. Mas ele não aceita isso.

*Ele pensa que não quer, quando,
na verdade, ele não pode.*

Incrivelmente, ele não sabe disso, mas já depende das drogas e, para ele, elas o ajudam.

Ele acha que as pessoas não o compreendem, pois muitas delas cometem erros, e se acham no direito de apontar os erros dele. Ele só vê os erros delas. É uma fase que merece muito cuidado, mas as pessoas que gostam dele não sabem disso.

Sem entender isso, as pessoas que mais o amam o empurram para o convívio daqueles que aceitam o seu comportamento, para onde ele mais se sente bem.

Ele se sente bem em ambientes com os amigos da ativa.

Os outros "não o compreendem"; muitas vezes "o agridem". É fácil imaginar que um dia, numa ocasião, usando uma droga específica, o usuário teve uma sensação de euforia inimaginável para os simples mortais. Esse pico de euforia fica gravado na mente dele, e é essa sensação extrema que ele passa a perseguir.

*Essa sensação de extrema euforia
fica gravada na lembrança ele.*

Vamos imaginar aqui uma concepção que muito poucos conseguem ter:

*Ele não é mais dependente de uma droga específica.
Passa a ser dependente de um prazer que até mesmo
as drogas não o fazem mais sentir.*

A partir da perda da capacidade de sentir aquela sensação que ele não consegue esquecer, passa a persegui-la e, na esperança de conseguir, aumenta a quantidade das doses. Isso pode dar resultado por algum tempo. Mas, quando deixa de funcionar, ele muda para uma droga mais forte, quebrando a jura que fez a si mesmo de que jamais faria isso. Funciona por algum tempo, até que a droga nova sature e não possa mais fazê-lo sentir aquela sensação que tanto deseja.

A busca daquela sensação de euforia continua, e, na procura desenfreada, ele pode sofrer um coma alcoólico ou uma overdose, que seria suficiente para fazê-lo parar, se sobrevivesse, segundo a interpretação de muitos "leigos".

Uma overdose, ou um coma alcoólico, representa a resposta do organismo a uma agressão insuportável, e as pessoas que não são usuárias de álcool ou drogas podem pensar que isso é um aviso para que o doente jamais volte a usá-los. Ledo engano. As pessoas raciocinam como se o dependente fosse uma pessoa normal.

> *Ele não é mais uma pessoa normal.*

Podemos até conjecturar que, para qualquer dependente, numa fase crônica, a sensação de prazer produzida naturalmente para ele não existe mais. Agora só existe a sensação de prazer que a droga lhe dá. A falta dessa sensação causa uma dor insuportável, maior do que a de qualquer pessoa, maior do que sua própria vida.

Nesta condição, o dependente pode até pensar em parar, mas não consegue mais fazer isso sozinho.

Na busca da sensação de prazer gravada no seu cérebro doente, ele já não é fiel a nada.

Alguns leigos poderiam afirmar que ele é fiel à droga que consome. Nada mais enganoso – ele não é fiel a qualquer droga específica. Pois, quando começa a usá-la, ele faz algumas promessas, dentre as quais, a de que *jamais usaria determinada droga*, mas na ocasião da jura ainda não se encontrava na situação atual.

Ele se tornou dependente do prazer artificial (a ilusão de prazer). Porém, ao mesmo tempo, a droga lhe tira a sensação natural de prazer.

O amor do dependente

Enquanto ele está no exercício da doença da dependência, você ou qualquer pessoa pode fazer-lhe as perguntas abaixo:

O que você mais ama?

Ele lhe responderá que o que mais ama é a mãe, ou a esposa, os filhos, a honra etc.

Há quanto tempo você usa drogas?

Ele pode lhe responder, por exemplo: 5 anos.

Continue perguntando:

Ao longo desses 5 anos, você nunca pensou que a droga poderia ser responsável pela perda do que mais ama?

Ele pode responder: "De uns dois anos para cá, eu pensei que a droga poderia ser responsável pela perda do que mais amo".

Pergunte-lhe finalmente:

Quando você usou drogas?

Ele poderá responder: "Usei neste fim de semana".

Analisando esse diálogo, certamente, você concluirá que o dependente ama a droga, que lhe dá prazer, muito mais do que ele verbaliza ser o que mais ama: a mãe, esposa, os filhos, a honra etc. Ele se tornou dependente do prazer.

"Será que ele não percebe?" É claro que não. Ou melhor, não percebe como nós. O egoísmo, para o doente, funciona como uma proteção de si mesmo, ou melhor, como uma proteção do seu comportamento no exercício de uma doença que ele não acha que tem; ou, ainda, em defesa de algo que lhe dá o único prazer que agora sente.

Antes da década de 1980, a dependência de drogas, incluindo o alcoolismo, era considerada doença mental pela Organização Mundial de Saúde, e eu sempre me perguntei o porquê disso.

Desconfio que existam muitos fatores a serem considerados, e vamos pensar juntos na consideração desses fatores.

Primeiro, a ideia errada de que "todo mundo bebe". Não, nem todo mundo bebe. Estaticamente, no Brasil, 49% de toda a população brasileira não bebe, e, a parcela dos que bebem, em sua grande maioria o faz sem causar problemas à sociedade. Desses 51% da população que bebem, somente em torno de 15% causam problemas. Estes seriam os alcoólatras, problemáticos. Uma análise superficial leva o leigo a considerar que, se a grande maioria bebe sem causar problemas, a minoria que os causa tem um problema de comportamento, ou melhor, de falta de vergonha.

Vamos juntos tentar visualizar uma pessoa cambaleando, já demonstrando visivelmente uma debilidade da fala e/ou do andar, com incontinência urinária, andar trôpego etc. Cientificamente, essas características demonstram uma anomalia no lobo temporal ou occipital do ser humano e representam a *dor*. Contudo, olhem bem para ele, e, *pasmem*, ele está sorrindo, portando-se como se sua situação representasse uma sensação de incrível felicidade. Então, a tendência é considerar que essa pessoa, sem sombra de dúvida, tem um problema mental grave...

Com relação às drogas proibidas, é muito mais fácil conceituar o caráter dele. Por que usa, se é proibida?

A CONSCIÊNCIA

Uma característica desenvolvida pelo *doente emocional* de qualquer natureza, principalmente aqueles cuja doença leve-os a praticar atitudes reprováveis, motivadas por uma compulsão na procura do prazer, ou para fugir da dor (o que significa a mesma coisa), é a luta lenta e progressiva entre o *prazer* e a *dor*.

A busca pelo prazer leva à necessidade doentia do uso daquilo que alavanca esse sentimento. Essa busca vai gerar consequências dolorosas. Por não mais poder parar de buscar o único prazer que lhe restou, o doente tenta desesperadamente diminuir a dor que essa busca causa.

A diminuição da dor implica a perda da consciência.

Reproduzo abaixo a definição de consciência de uma profissional conceituada, a psiquiatra doutora *Ana Beatriz Barbosa Silva*, com a qual concordo:

> *"É um senso de responsabilidade e generosidade, manifestado por sentimentos de extrema nobreza com outras criaturas, seres humanos ou animais, e com o universo como um todo. Representa a voz secreta da alma que habita nosso interior e que nos orienta para o caminho do bem."*

Mesmo nos psicopatas, o estudo dos casos demonstra que a falta de consciência se desenvolve de maneira progressiva e vai sendo aperfeiçoada ao longo de anos de convivência com a doença. Um desses doentes, conhecido como *Maníaco do Parque*, ao ser preso, após matar várias moças, confessou dois aspectos importantes.

O primeiro foi o desabafo: "Eu não sei o que é, mas me dá vontade, prazer, e eu faço". Ora, sabemos que esta é a mais simples explicação da compulsão: o exercício de um comportamento derivado de uma compulsão de prazer, e que está além do que o ser humano possa suportar.

Segundo, a existência de um trauma, quando o doente revelou ter tido, na infância, um problema grave motivado pelo relacionamento com uma tia. Embora não tenha explicado o tipo do trauma, a simples observação da vida de psicopatas evidencia uma interpretação traumática que eles têm de fatos que ocorreram em suas vidas.

Voltando à compulsão química, não importa o nível intelectual do doente ou que atividade ele exerça antes da instalação da dependência. No início, ele tem consciência suficiente para reconhecer atitudes errôneas. Sabemos que a doença é progressiva em tudo, principalmente no desenvolvimento crescente desses erros. É como se se instalasse um dilema na mente do doente: *deixar de usar para não cometer erros*.

Como o doente não consegue mais parar de consumir a droga sem ajuda externa, ele diminui ou tira a gravidade dos erros que comete, desenvolvendo um *mecanismo de defesa mental* que consiste em *distorcer ou modificar o significado real de suas atitudes*.

Com o tempo, desenvolvendo a doença, esse mecanismo torna-se cada vez mais evidente para as pessoas que convivem *com o doente. Não é raro ouvirem-se exclamações como:* "Meu Deus! Será que ele não percebe?!".

A progressão da doença significa também a progressão dos mecanismos de defesa.

MECANISMOS DE DEFESA

Cientificamente, esses mecanismos de defesa são conhecidos como *negação*.

Eis, abaixo, algumas posturas típicas do doente dependente químico, no exercício desses mecanismos de defesa:

Mentiras

É, talvez, o mais comum dos comportamentos do doente dependente químico. É claro que ele não vai dizer onde estava ou o que fez. Ele não pode enfrentar suas atitudes e negará. Com o tempo, vai assimilando essas mentiras e acaba por acreditar nelas. No exercício da doença, com essas mentiras, ele acabará se despersonificando daquilo que realmente é. A mentira exerce um papel muito importante no desenvolvimento de qualquer desestrutura emocional.

O saudosismo

Grande parcela dos doentes procura se inocentar do uso, evocando um grande nome, em qualquer atividade, de alguém que também tinha dependência química. Na evocação dessa lembrança, os grandes artistas são os preferidos. Jamais são mencionados os que tiveram um fim trágico pelo consumo de droga, ou até os que se recuperaram.

A doença como culpada

Muitos doentes, após o uso, chegam em casa e se lamentam em prantos: "*Sou dependente químico. Eu uso porque sou doente*". A família toda chora com ele. Seu uso está aprovado; tratamento para parar, nem pensar. Ele quer e muitas vezes consegue aprovação da família para usar a droga, pois "é um pobre coitado", comentam. Assim, ele, matreiramente, consegue aprovação para seu uso.

O processo inteligente: "eu sei"

Ele tem várias internações. Sabe tudo. Entra em discussões intermináveis. É capaz de ensinar dependência química ao traficante. Mas é incapaz de abandonar a dependência.

Projeção

O indivíduo passa a acreditar que o seu estado de falência ou desacerto, em qualquer aspecto de sua vida, se deve mais a influências externas do que à sua própria conduta. São comuns, no doente com esse tipo de construção mental, as tão conhecidas fugas, tanto geográficas como de relacionamentos pessoais. Não é raro as pessoas que não entendem da doença se desesperarem e cometerem erros ao lidar com o dependente. E, assim, os erros dos outros são utilizados pelo doente para encobrir os seus.

Minimização

Consegue enganar a si mesmo, tanto no que diz respeito às quantidades do uso, até a gravidade de seus atos. Considera sempre as pessoas exageradas, quando o alertam sobre suas atitudes: "Não é tão grave assim".

Justificativas

Procura sempre argumentar com um motivo que pareça justo para explicar um comportamento seu injusto. É capaz de atropelar uma criança por dirigir em alta velocidade e justificar que "rua não é lugar de criança". Parece-lhe justo comemorar quando o seu time joga, ou quando perde, ou quando não joga...

Supressão

Consegue explicar um comportamento seu sem manifestar o mínimo de dor ou arrependimento.

***

São muitos os mecanismos de defesa adotados pelo doente para excluir a dor de suas atitudes. O fato é que ele vai aperfeiçoando esses mecanismos ao longo do desenvolvimento de sua doença.

Muitos estudiosos abordam alguns mecanismos que merecem um pouco mais de atenção, pois parecem ser instituídos independentemente da capacidade de manipulação do doente.

Repressão

Ocorre quando o ser humano é submetido a uma agressão, um abuso, ou qualquer fato traumático, além do que possa conceber ou suportar. A vítima pode reprimir, ou não se lembrar do que aconteceu.

Contudo, não se lembrar não a exime das manifestações emocionais desestruturadas, quando entra em contato com fatos semelhantes ocorridos com outras pessoas.

Ainda que se sinta mal, não consegue estabelecer uma relação com o fato de isso ocorrer.

Um dia, pode ser que toda a lembrança venha à tona, e não se pode dimensionar o tempo para que isso aconteça.

Apagamentos

No início, o apagamento era considerado algo parecido com a repressão, ou simplesmente outro mecanismo de defesa instituído pelo doente para se isentar das responsabilidades de suas atitudes. O tempo vem ensinando que não é bem assim. Os apagamentos podem ocorrer em qualquer circunstância ruim, mas também em condições em que o doente nada fez de mal. Eles são praticamente um problema físico, como consequência de um mau funcionamento do cérebro, que não transmite o fato vivido da memória temporária para a memória permanente. Assim, o doente não se lembra. É como se ele não tivesse vivido, seja o fato bom, seja o ruim.

Avalie o doente acordando em casa. De repente se assusta, pois não se lembra de como chegou... E pior: o carro! Assusta-se e pula da cama, já considerando o prejuízo. Muda de roupa às pressas e vai até a garagem.

Embora aliviado, pergunta-se: "Como?". Mas não é bobo de fazer perguntas diretas, por exemplo, ao porteiro, e, sorrateiramente, demonstrando indiferença, faz perguntas inocentes, como: "Você se lembra da hora exata em que cheguei?", e outras semelhantes, até concluir que foi ele mesmo quem veio dirigindo, sem ocorrências consideráveis, mas, para si, uma constatação é clara: *não se lembra de nada.*

O simples fato de cometer um desatino e não se recordar já deveria ser motivo de preocupação por si só. Um ser humano normal consideraria esse "esquecimento" como uma anomalia muito grave. Em paralelo, existe outra gravidade a ser considerada, que é o seu comportamento danoso. O doente não considera nenhum dos dois.

Inclusive, a maioria atribui como mais uma perseguição a importância que "seus inimigos" dão a uma coisa à toa, tão sem importância, que ele nem se lembra... O raciocínio é lógico e muito simples: "Se não me lembro, não existe...". Para seus parentes e os verdadeiros amigos, é mais uma constatação da sua falta de caráter.

A tentativa do ser humano de diminuir ou de se eximir das responsabilidades pelo seu comportamento insano parece datar do início da humanidade – não há nada de novo nisso.

Existe o registro de um fato antigo, cuja análise, sob esse enfoque, é bem significativa. Considere que, antes de *tudo* existir, bem no início do mundo, assim como ele é hoje, foi dada a responsabilidade ao primeiro ser humano de viver bem, inclusive com uma companheira, desde que respeitasse determinadas regras.

Esse ser humano não cumpriu as regras e adotou um comportamento diferente do que estava acostumado. Escondeu-se, ao se descobrir nu.

É assim que o doente se sente, quando pego em seus desatinos. Sente-se culpado, e é capaz de qualquer desculpa para se libertar da culpa. Que fazer?

Não existe uma explicação lógica para justificar o que fez. Então *mente* e, contra qualquer evidência, sentencia: *"Não fui eu"*.

Mesmo negando, ainda sente que seu argumento precisa se apoiar em algo mais forte e, então, conclui: *"Foi a mulher que o Senhor me deu"*. Vejam que essa projeção completa a sua isenção de culpa e se apoia em duas pilastras: primeiro, culpa da mulher; segundo, da própria falta de discernimento de quem lhe deu uma mulher defeituosa.

FACES DA DESESTRUTURA EMOCIONAL

A desestrutura emocional apresenta diversas faces. Se formos descrever as desestruturas, pode parecer que estamos contra o doente. Absolutamente *não*. Queremos chamar atenção para o fato de que, *se não houver uma interferência ou ajuda externa*, ele não supera a dependência, pois, com a progressividade da doença, vai diminuindo a capacidade de sentir normalmente, ou seja, vai perdendo os requisitos ou capacidades para se sentir normal.

Toda e qualquer pessoa precisa de qualidades ou capacidade para conviver e ser bem-sucedida em atribuições e compromissos inerentes à própria vida. Essas qualidades constituem *o seu poder*. Poder quase natural, desenvolvido e incorporado a seu caráter; porém, como diria uma frase popular, o uso de drogas é *um tiro no próprio pé*, significando a perda de suas qualidades e, em consequência, a transformação de suas obrigações em problemas.

É natural o ser humano ter dúvidas, contudo, a grande maioria as supera. Elas sempre surgirão e serão vencidas sem maiores complicações; no fim, elas aparecem e se vão, superadas ou não, sem que mereçam considerações especiais. Na vida do dependente químico não é bem assim. Ele se sente afetado nessa capacidade de escolher, desde os seus envolvimentos mais simples até os de maior importância.

Considere o esquema a seguir: uma locomotiva saindo da estação *dúvida* e fazendo o percurso até a estação 10. O dependente sabe que, passando da estação 10, sua existência estará ameaçada e terá que preencher um bilhete para voltar a salvo para o início da ferrovia.

Por qualquer motivo, ele não consegue preencher o bilhete de volta, e a locomotiva parte para a estação 20, onde o perigo é maior. Quanto maior o perigo, mais dificuldade terá para preencher o bilhete de volta, e a locomotiva chega ao limite da dúvida, que é a estação 30. A partir da estação 30, sua dúvida começa a se transformar em *certeza* de que não vai conseguir realizar, construir, superar qualquer obstáculo, desde o mais simples até o vital para sua sobrevivência.

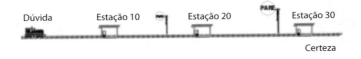

A viagem da desestrutura emocional vai dar na estação da certeza de que não vai conseguir.
Esse estado mental é conhecido como
"síndrome do pânico".

O crescimento da sensação de esvaziamento é uma desestrutura emocional típica do dependente químico. Quem tem o poder é a droga, e é como se ela sugasse, de maneira gradativa, o poder que ele precisaria ter. É errado conceituar o comportamento do doente de uma única maneira. Cada doente tem um tipo de vida diferente, no que diz respeito a seu relacionamento com o trabalho, com a família, enfim, em muitos aspectos diferentes da vida do outro, embora a doença seja uma só.

Eis, a seguir, como o mesmo *esvaziamento de poder* leva o doente a se relacionar com o mundo e com as pessoas. Tais posturas se assemelham. Contudo, observe que elas têm uma diferença, ainda que mínima.

Fase um: o doente começa a alimentar a sensação de que não vai conseguir, seja lá o que for. Em qualquer aspecto, vem o temor do fracasso. De início, ele luta para controlar essa sensação.

Fase dois: tenta, exteriormente, dissimular essa sensação, aparentando tranquilidade; contudo, dá para perceber pelas suas atitudes, seja no andar, no movimento das mãos, seja no *fumar*, seja no comportamento risonho. Porém, interiormente sua consciência não está em paz, sua percepção já está comprometida e seus pensamentos não são espontâneos.

Fase três: num crescendo, concentra-se excessivamente na incapacidade de suportar a situação em que está envolvido. Começa a desconfiar de tudo e de todos; perde a clareza de julgamento; demonstra indecisões e vacilações, oscilações de humor e intolerância. Cresce a sensação de perigo.

Fase quatro: alimenta a *expectativa de inevitáveis e desconhecidos males*; oscila *entre inibição e excitação – impulsos incontidos.*

Comportamentos típicos

Eis alguns comportamentos típicos do dependente químico, quando não está sob o efeito de drogas:

Esvaziamento da capacidade de escolha

Passa a duvidar, cada vez mais, da sua capacidade de saber o que é bom para ele, como a escolha de um lugar aonde ir, do que comer, do que comprar. Pode ficar na loja, diante de várias peças de que necessita, mas a indecisão é tanta que termina levando qualquer peça. Passada a pressão, descobre que comprou o que não queria. Até selecionar a roupa certa para vestir torna-se difícil para ele.

Essa dificuldade se irradia. O doente, sem a droga, não sabe, por exemplo, qual curso universitário deve fazer. Não é raro começar o estudo visando a uma carreira e não concluir, por descobrir que não era o que queria. Por sua indecisão, é comum outras pessoas decidirem por ele.

A certeza de que não vai dar certo

Nessa condição, ele já não tenta mais. Sabe que não vai conseguir. Pode tentar por obrigação, levado pelas circunstâncias, mas já sabe que não vai dar certo e não entra inteiro em nada do que faz. Essa sensação pode se refletir em todos os aspectos de sua vida. Conclui que o mundo está contra ele.

A sensação de esvaziamento pode crescer, pois o doente sem saber a alimenta, esquivando-se de tarefas simples, como ler ou falar em público. Quando as circunstâncias exigem que ele se exponha, vem o temor de que outros descubram sua deficiência. Com o tempo, a certeza dessa deficiência cresce e o doente a alimenta. Já não é mais somente uma condição emocional. Quando submetido a uma pressão para desempenho daquilo que tem certeza de que não vai conseguir, sente-se em perigo; o cérebro, para descobrir o inimigo, aciona o sinal de "perigo" e o doente se vê acometido de uma *"tempestade" visceral*. Coração batendo mais forte, sangue circulando, fígado liberando glicose etc. Quando a sensação passa, o doente sente cansaço e dor no peito. Vai perdendo o gosto pela vida sem drogas e sente-se deslocado, principalmente em meio a pessoas que parecem "normais".

Tenho conversado com pessoas que tentam o *suicídio* e verifico que *a maioria não quer morrer:*

> *Elas querem fugir da vida que levam pela incapacidade que sentem de mudá-la.*

Na verdade, o doente chega a um estágio em que a ilusão da droga também não lhe faz bem – ela só tira a dor. Pode sentir que, mesmo com a droga, é ruim, porém, sem ela é muito pior.

Incapacidade de ser amado

Para sentir-se amado, o ser humano necessita da convicção do valor de seu próprio merecimento, ou *amor-próprio*, como se costuma dizer. Qualidade essa que o doente sente que não tem. Em consequência, nutre a sensação de que a qualquer momento a pessoa que se relaciona com ele descobrirá essa falta de qualidade e, em consequência, irá abandoná-lo.

Alguns doentes alimentam essa sensação não só nos relacionamentos amorosos, como em tudo que materialmente lhes pertença. Esse estado não tem nenhuma relação com o sentimento da outra pessoa, é um sentimento de pouco valor alimentado pelo próprio doente. Assim é que a sensação de perda se acentua proporcionalmente ao apego que o doente tem por qualquer coisa ou pessoa. Ela nada tem a ver com a realidade ou a condição moral da outra pessoa. É uma condição mental ligada inteiramente à doença. O doente pode tornar-se extremamente desconfiado, e demonstra essa desconfiança sendo excessivamente inquisitivo sobre o que o outro fez ou onde estava.

Imagine um dia a companheira de um doente com essa desestrutura, indo ao *shopping* comprar uma bolsa e, ao retornar, ser questionada sobre onde esteve e o que fez. Já cansada de tanta inquisição e para evitar maiores explicações, responde que foi à casa da mãe dela. O doente vai checar e descobre que ela não disse a verdade. Isso é o bastante para alimentar fantasias sobre traições. Ele estava certo de que a qualquer momento ela o trocaria por outro. Além de tudo, descobre a bolsa que ela comprou. A partir daí, não consegue mais conter suas fantasias mentais. Ninguém, em sã consciência, pode prever qual será a reação dele.

Considerando-se que a doença não se desenvolve de maneira igual em todos os doentes, ou seja, ela vai se manifestar de acordo com a índole de cada um, vejamos como cada doente pode proceder.

Alguns doentes são *agressivos* e agridem, espancam, batem. Proíbem de sair de casa etc. É difícil considerar o que um doente agressivo é capaz de fazer. São registrados muitos casos de mortes decorrentes desse tipo de desestrutura.

Existe em muitos doentes uma condição denominada *confabulação*, quando o doente pergunta e ele mesmo responde: "Não. Ela não pode me trair, pois eu a ajudo, até financeiramente". Uma voz diz para ele não ser bobo, pois está sendo traído sim. É travada uma batalha mental. Difícil afirmar qual vencerá.

Outros, tomados por uma condição de *baixa autoestima* considerável, desconfiam da traição, mas também sabem de seu pouco valor. Estes, embora martirizados, abandonam a "luta" e se retiram, dando lugar ao suposto outro.

Uma parcela de doentes nessa condição considera que, se aumentarem o carinho e a atenção, a esposa não irá deixá-los. O indivíduo torna-se, então, *"pegajoso"* e inadequado em suas "carícias". Mesmo em lugares impróprios, constrangendo a esposa que tenta afastá-lo, em vão. Mesmo que seja numa igreja, com o padre censurando, ele não para. Não é raro se tornar *chantagista*: "Se me deixar, eu me mato".

Os *vingativos* sentem muita dor e maquinam condições em que a traidora possa sentir a mesma "dor" que eles. Então, escolhem uma parente ou amiga íntima da "traidora", para assediá-la e conquistá-la. A intenção é pagar com a mesma moeda.

Em qualquer desses casos, vale ressaltar que a traição só existe na cabeça do doente. É comum, nos casos de agressões, juízes determinarem o afastamento do ciumento agressor a uma distância razoável da vítima.

Não é raro o doente criar e sentir uma sensação de esvaziamento superior ao que possa suportar, então, começa a temer o futuro. Tem que se apoiar em algo para superar seu esvaziamento. O que ele não sabe é que, quanto mais se apoia em algo, mais se esvazia. Procura, então, amuletos, assim, pode usar superstições antigas, pode criar novas, sem as quais se sente completamente indefeso.

Um exemplo de uma dessas criações é a de um homem que, sempre que se referia a algumas pessoas do sexo feminino, dava nota 10. Curioso, um dia perguntei o porquê dessa nota para algumas pessoas. De início, pensei que fosse a beleza ou algum atributo especial de cada uma. Ele retrucou: "Não! É que, quando me relaciono sexualmente com uma mulher, eu dou nota 10 para não pegar Aids".

Acredito que, antes de manter um relacionamento, o ser humano tem um vislumbre, uma concepção de que tipo de pessoa almeja, no que se refere a qualquer qualidade, seja física ou intelectual. Essa concepção vai se transformando, à medida que seu amor-próprio também vai decrescendo. O doente procura uma companheira ou companheiro que não se decepcione com as descobertas que poderá fazer sobre suas próprias deficiências. Quanto mais tempo passa só, mais cresce a necessidade de "ter" alguém. Chega a confabular que seu amor é tão grande, que tem a capacidade de transformar a outra pessoa. Se "enrosca" com a esperança de mudar o outro. A "lua de mel" termina e nada do outro se transformar. Então, rompe o compromisso e fica só. O tempo passa e lá vem a carência de novo. Pode, então, acontecer dois fenômenos: ele se enrosca novamente com o mesmo pensamento de antes e, novamente, se separa depois da lua de mel.

Com esse esvaziamento, pode não conseguir outro compromisso e vai, aos poucos, se lembrando dos momentos bons do antigo compromisso. Não importa que tais momentos bons tenham sido raros. A solidão os valoriza e, então, levado por essas lembranças, retorna ao antigo compromisso. Passada a lua de mel, o casal separa-se e vem a solidão, daí se junta e repete o comportamento doentio. É o *casal ioiô*, ou aquele *casal samba-canção*: "Você não presta, mas eu amo você", ou "Somos um casal sem-vergonha". Sozinho é que não dá.

Moças nessa condição emocional são encontradas nas portas dos presídios.

Imaturidade

Um dos aspectos bem característicos de todo dependente químico é a falta de maturidade no modo de encarar a vida nos diversos aspectos que lhe são afeitos ou nas circunstâncias em que se envolve.

Em algum momento a partir do uso de qualquer substância psicoativa, a sua capacidade emocional para de crescer e o usuário passa a se relacionar de maneira infantil com aspectos importantes que mereciam ter sido enfrentados de maneira adulta.

Até o casamento, quando existe, em alguns casos só dura até a lua de mel, que é a fase da fantasia na mente de alguns dependentes. Quando essa fase acaba, normalmente, a realidade a ser encarada não é assumida, e começam os desentendimentos.

Uma grande parcela dos relacionamentos dos dependentes se dá pelo *ajuntamento*, na maioria das vezes movido pelas circunstâncias criadas, sem considerar as responsabilidades. Em muitos casos, a família acaba assumindo as responsabilidades desses envolvimentos, principalmente com o surgimento dos filhos.

No trabalho, por exemplo, eles acabam sendo "perseguidos pelos chefes" ou não se dedicam com a desculpa de não ser o que esperavam.

Cabe também considerar em que ambiente ou de que forma os dependentes encontraram suas companheiras. Será que elas não perceberam o comportamento irresponsável do parceiro? Muitas vezes, a baixa autoestima dessas companheiras nivela os dois, levando-as a desenvolver uma carência tão grande de amor, que se consideram capazes de conseguir transformar os parceiros. É claro que não vai dar certo, e não é um problema de amor, como ambos podem apregoar. Na maioria das vezes, por falta da capacidade de avaliação da importância que cada envolvimento representa e das suas consequências, constroem-se desestruturas de toda ordem.

No início da dependência, imagine o usuário com duas fontes de geração de prazer: a natural, que ainda funciona, e a artificial, que a droga lhe dá. O tamanho das emoções que ele sente funciona como uma bomba que vai liberá-lo para fazer tudo o que pensava fazer *quando* fosse mais velho.

> *É como se o doente não tivesse mais necessidade de crescer, ou de ficar mais velho. A droga o libera para fazer o que sempre teve vontade de fazer, "quando fosse mais velho". Em outras palavras: mais maduro.*

Ora, o sentimento natural proporcionaria a ele as alegrias e as dores necessárias para que, aos poucos, fosse desenvolvendo uma convivência cada vez mais compatível com todas as circunstâncias de sua vida. Haveria uma evolução constante de suas expectativas, como se *essas expectativas fossem sendo reajustadas sempre e na proporção das responsabilidades inerentes à sua idade.* A ciência aponta esse fenômeno como essencial para o crescimento humano ou para o desenvolvimento da maturidade.

> *Esse processo natural é interrompido pelo processo artificial que as drogas criam.*

Na análise desse processo, há que se considerar a idade com que o indivíduo começou a usar a droga, ou as drogas.

> *Se iniciou, por exemplo, aos quinze anos e, atualmente,
> tem trinta, a sua idade emocional estacionou
> perto daqueles quinze anos.*

Ou seja: trinta anos por fora e quinze anos por dentro.

O problema é, que no futuro, ele, com mentalidade de um jovem de quinze anos, terá que, de qualquer maneira, assumir as responsabilidades de um adulto de trinta anos.

Esse *déficit de amadurecimento* do doente, em contato com os compromissos e obrigações, naturalmente consequentes com a vida de qualquer ser humano adulto, há que causar nele também um *déficit*, uma *falta de discernimento* ou *esvaziamento* que vai transformar essas obrigações e/ou compromissos em problemas. Problemas para os quais ele terá que achar solução. Como ele pensa que não pode, ou talvez não pense, como consequência alguém terá que resolver por ele.

Considerem que *imaturidade* não é só uma palavra. Ela, na verdade, é ausência de qualidades. Qualidades que representam o poder que qualquer ser humano precisa ter para se envolver até com as mais simples obrigações e compromissos que, necessariamente, vão compor o seu universo, seu relacionamento com as pessoas e até consigo mesmo.

Essa ausência de poder se manifesta através de atitudes mentais, que, doentiamente elaboradas, se transformam em atitudes comportamentais.

Temos que considerar que a dor emocional que a ausência das drogas causa vai tomando conta do usuário e minando a crença em si próprio, levando-o a uma condição em que sente ser impossível viver sem as drogas. Ele não tem consciência de que elas são as responsáveis por essa ausência de poder que sente quando não as consome.

> *Para o doente, as drogas são a salvação para aliviá-lo desse sofrimento.*

Ainda que a droga que ele usa seja permitida, como o álcool, por exemplo, o usuário vai ter que começar a se preocupar com o que dizer em casa, quando se atrasar ou faltar a seus compromissos, onde gasta o dinheiro, com quem e onde anda; além de outras desculpas e mentiras. Isso exige um estado de alerta maior que o normal. Esse estado de alerta aumenta quando a droga é proibida, tanto pelo instinto de proteção de sua integridade quanto pelo acréscimo do componente marginal nas suas "escapadas".

A *inclusão da marginalidade* no seu comportamento faz com que o sentido de alerta dele seja superdimensionado, levando-o, inclusive, ao afastamento de autoridades e a uma aversão a autoridades, principalmente policiais. Ele desenvolve uma *sensação de desconfiança* acima do que pode suportar, criando um antagonismo velado a tudo que é "certinho". Se ele tiver que abrir uma empresa, necessitar de um sócio e tiver que escolher, ele não escolhe "o certinho"; além disso, como sempre acontece nas sociedades do dependente, se der certo, está errado. Amplie isso para as suas convivências.

Alguns chamam esse estado de desconfiança de *paranoia*. Em muitos casos, até os ambientes iluminados, superlimpos ou requintados o incomodam.

Esse estado de desconfiança vai ser transferido para seus relacionamentos afetivos – é o que uma boa parte dos dependentes químicos faz. A sua mente cria uma condição de falta de merecimento. Cria uma sensação de que a qualquer momento vai ser trocado por outro. Esta sensação aguça o seu estado de alerta: qualquer gesto, qualquer olhar basta para que comece a desconfiar de traição. Essa sua condição doentia leva-o a ver ou sentir o que não existe.

A raiva

Existe outro aspecto a ser considerado na desestrutura emocional, bastante importante. Discutimos até agora a desestrutura que o doente cria, quando uma situação ou pessoa o ofende, humilha, e ele acredita na falta de qualidades contida nas ofensas, a qual tenta esconder.

Mas existe o outro lado, quando ele não acredita ou não aceita a ofensa ou humilhação e exige de volta a qualidade que lhe foi tirada.

Muitas vezes o ofensor é mais forte, ou possui um vínculo que não lhe permite reagir, como a ofensa feita pelo pai ou pela mãe, ou por uma autoridade.

A não reação não diminui a desestrutura e não significa que o ofendido não queira reagir. Ele simplesmente não pode, e esta nova desestrutura emocional passará a ser armazenada juntamente com a anterior.

Outro aspecto importante a ser considerado é que, mesmo que o ofendido reaja, a reação dele deverá ter valor igual ou superior ao valor que deu à ofensa, caso contrário, sempre ficará armazenado em sua memória algum resquício dessa ofensa; com o tempo, o ofendido criará uma ultrassensibilidade a tudo que dentro do seu ponto de vista o humilhe, e as desestruturas das novas humilhações vão-se juntando às já armazenadas.

A partir do *armazenamento* ou *"congelamento" dessa desestrutura* conhecida como *raiva*, o doente perde a capacidade de se relacionar de maneira natural com tudo que o cerca. É como se ele não fosse mais autêntico e tivesse pendurada no seu pescoço a figura de seu agressor comandando suas atitudes, até mesmo com as pessoas queridas.

Detalhes importantes devem ser considerados sobre o doente portador dessa desestrutura:

a) Mesmo que o doente cresça exteriormente, galgando posições importantes, intimamente ele não considerará suas qualidades; em seu julgamento, faltará algo em seu interior que o complete.

b) Aquele que o ofendeu, à luz de seu entendimento, será sempre mais forte do que ele. Sua visão distorcida jamais considera as fraquezas do agressor. Se ele conseguisse enxergá-las, isso o ajudaria a reestruturar sua emoção de raiva.

c) O afastamento do agressor, ou mesmo a morte dele, não invalida ou diminui a raiva congelada. A ofensa fica gravada na sua mente e passa a ser um trauma que o ofendido carrega por toda a sua vida, se não for submetido a um tratamento sério.

d) Muitos dos ofendidos que se tornam raivosos se consideram *"vítimas"*, o que é uma postura impeditiva para a recuperação. É como se as humilhações sofridas os colocassem numa condição de ter direito a tudo. Esse aspecto pode aparecer nos casos de adoção, quando o adotado não é agradecido por nada que seus pais adotivos façam por ele, como se considerasse no íntimo como "pagamento" pelo "abandono". A maioria dos doentes, mesmo que sejam bem-sucedidos e exerçam cargos importantes, se considera emocionalmente pobre por dentro.

e) Doentes raivosos têm uma dificuldade muito grande de considerar a realidade dos fatos de sua vida. O Programa dos 12 Passos dos Alcóolicos Anônimos chama a isso de *falta da natureza exata*.

A partir de algum momento na vida do doente raivoso, ele necessita reagir a tudo que considera ser uma agressão a sua pessoa. Essa reação não será impulsionada somente pela necessidade de um revide ao fato atual; a ela será acrescida parte ou a totalidade da raiva que ele tem congelada. Ou seja, as suas atitudes de revide serão sempre exageradas ou descabidas, diante do que ele considera humilhação sofrida.

A reação do raivoso se chama *vingança*, que nada mais é do que uma tentativa de o doente reaver a qualidade ou o poder que lhe foi tirado.

Sobre a vingança, temos que considerar alguns aspectos:

1) Ela terá que ser igual à humilhação sofrida, o que normalmente é difícil, dependendo do volume de raiva que o doente tem armazenado.

2) Dependendo da avaliação dos raivosos sobre o tamanho da humilhação sofrida, grande parte deles jamais conseguirá esvaziar o seu paiol de raiva; nessas condições, a raiva crescerá novamente.

3) Dizem que a raiva lota presídios, o que é verdade. Nos presídios, muitos dos detentos são os raivosos que cometeram uma vingança do tamanho da raiva armazenada. Alguns, ali, são levados à condição de pensar no que fizeram, o que os leva ao arrependimento. Mas esta não é a regra geral. Em vez do arrependimento, o raivoso pode remontar ou aumentar a raiva armazenada e, quando livre, irá repetir o ato ilegal.

4) Pode-se entender os psicopatas raivosos que passam a vida cometendo crimes como um doente que não consegue mais "esvaziar" totalmente seu paiol de raiva. Comete um crime,

esvazia uma parte da raiva, mas nunca está totalmente satisfeito. Com o tempo, encherá o paiol novamente e voltará a matar.

Um dos aspectos mais sombrios da raiva acontece com doentes que não podem vingar-se de quem os humilhou, por qualquer motivo. Esse tipo de doente se vinga dele próprio por não poder se vingar de quem o humilhou. Começa com xingamentos a si próprio, como: "você não presta", "burro", "idiota" etc. Estas agressões verbais vão terminar com agressões físicas, seja esmurrando paredes, quebrando coisas e, até, mutilando-se, das formas mais simples, como beliscões, cortes, socos na cabeça, murros em si próprio etc. Um dia esse doente pode inclusive se matar, como vingança.

> *Grande parte dos raivosos não sabe que continua "escravo" de quem o humilhou.*

Aquela pessoa que o agrediu há muitos anos continua tendo influência no seu comportamento e, com o tempo, ele não conseguirá mais distinguir amor de ódio, *e seus relacionamentos, mesmo com as pessoas que pensa amar, serão contaminados com sua raiva*. Será um péssimo educador dos próprios filhos, pois, na intenção de educá-los, pelos erros que cometerem, a raiva que tem dentro de si o levará a exagerar nas suas atitudes corretivas. Seu filho verá o seu erro. Ou seja:

> *O exagero de suas atitudes será maior do que o erro que seu filho cometeu.*

É comum ouvir de pessoas adultas queixas sobre as atitudes ruins de seus educadores, sejam pais, mães etc.

Ouvi, certa vez, de uma pessoa adulta, uma queixa sobre seu pai "carrasco", que a tirou aos empurrões de dentro de um carro quando ia com as amigas conhecer uma praia no Rio de Janeiro. O fato se deu numa cidade pequena do interior de Minas. Ela tinha dezessete anos e ia conhecer o mar, que nunca tinha visto. Passaria lá o fim de semana, sem que os pais soubessem onde estava. Já conhecia os pais e sabia que eles não permitiriam, por isso conseguiu juntar algum dinheiro escondido, preparou sua mochila e, exatamente na hora da viagem, o pai apareceu e a humilhou na frente de suas amigas.

O erro de seu pai, sendo agressivo como sempre fora, fez com que uma adolescente de dezessete anos não percebesse a gravidade do fato de se ausentar de casa sem avisar, durante um fim de semana. Ela não fora educada de maneira correta, e os erros do pai dela encobriam ou não a deixavam ver os próprios erros.

É possível identificar em si mesmo se há alguma parcela de raiva armazenada pelos seguintes comportamentos, motivados por sua necessidade de "vingança":

- *O desprezo:* desprezo pode ser confundido com o ato de "administrar por exclusão", quando você se afasta de uma pessoa com a qual não vale a pena conviver. *Não é isso.* O desprezo é diferente, e é adotado com a finalidade de castigar quem não lhe obedece ou o ofende. Você deliberadamente ignora a pessoa, fazendo questão de que ela perceba que sua atitude é um castigo pela desobediência. O raivoso pode adotar essa postura com a mãe, os filhos, a esposa, os parentes, amigos etc. É uma atitude de vingança e pode durar horas, dias, anos, dependendo do tempo que o raivoso ache que a vingança surtiu efeito.

- *Crítica destrutiva:* não é simplesmente falar mal. É querer "destruir" o outro. Essa crítica é movida pela necessidade de vingança contra determinada pessoa. Na crítica destrutiva, muitas vezes se sente que exagerou. Daí tenta-se dissimular, mas o mal já está feito.

- *Falso perdão:* você tem ou teve um problema com uma pessoa. Pode considerar de somenos importância, assume a atitude de não levar a sério, mas o tempo passa e, quando acontece algo novamente entre você e a tal pessoa, sente que não a perdoou.

- *Não perdão:* você assume que não quer perdoar. A pessoa não merece o seu perdão. É a sua vingança mental maior. Nesse aspecto, o raivoso pode parecer com a pessoa que deu início à sua própria raiva, pela humilhação que faz outras pessoas passarem.

– *Ironia:* é a atitude de vingança dissimulada numa brincadeira. Muitas vezes, é usada com a mesma pessoa. Tem uma energia diferente das brincadeiras comuns. A ideia é destruir o outro pelo sarcasmo.

– *Bruxismo ou ranger os dentes:* quando o raivoso dorme, ele descansa da vida de vigília, mas, então, vem a raiva que subsiste no inconsciente. O bruxismo representa fisicamente a destruição mental de seus inimigos.

– *Sede de justiça:* o raivoso não vive em paz no mundo, que ele considera desequilibrado. É como se ele fosse um *justiceiro.* A fome, a miséria, a corrupção, as injustiças passam a ter um efeito incrível de desamparo sobre ele. Termina por colocar a si mesmo no contexto da injustiça. Sente-se perseguido no trabalho. Seus esforços não são reconhecidos pela família. A miséria do mundo e as desgraças causam-lhe uma sensação cada vez mais intensa de desamparo e de desrespeito. Num grau intenso, começa a se colocar no centro desse desequilíbrio. Cria um sentimento que o revolta e que, cada vez mais, vai tomando conta de si. Torna-se muito sensível, e pode se colocar no centro de todas as injustiças do mundo. Os seus problemas têm início quando começa a reagir fisicamente ao que lhe afeta. Seu comportamento pode ser perigosamente exercido no trânsito, e até no seio da família pode começar a exigir o reconhecimento que julga merecer.

O raivoso desconhece que o seu agressor continua lhe fazendo mal, mesmo quando morre. As atitudes descritas como manifestações de raiva normalmente são decorrentes da primeira agressão sofrida pelo raivoso.

O FUNDO DO POÇO

Os grupos dos Alcoólicos Anônimos (AA), desde a sua fundação, não obrigavam os alcoólatras a frequentarem suas reuniões. Ir às reuniões dos AA era algo que o doente tinha que fazer por si próprio – dependia de sua livre iniciativa. Eram grupos com portas abertas, e tanto o acesso quanto a saída dependiam do próprio doente. Eram doentes com "vontade" própria difíceis de se submeterem a regras ou convenções. Isso é válido para qualquer dependência.

Considere que a dependência cria uma ilusão de prazer, e tudo o que o doente tem em sua vida é essa ilusão. Considere também que, num certo grau do avanço da doença, torna-se difícil ou praticamente impossível para o doente conseguir esse prazer sem exercer atitudes que lhe causariam dor. Chega ao ponto em que a dor causada por suas atitudes em busca do prazer torna-se insuportável. É nesse ponto que ele busca os grupos.

Uma grande parcela dos doentes vai aos grupos para se libertar da dor. Muitas vezes, *não* para parar de usar a droga. E parar de consumi-la vai depender de sua frequência ao grupo.

É lógico entendermos que a grande parcela dos que entram pela porta aberta vai voltar a procurar o *"prazer"*, quando diminuir a sensação da *dor*.

No entanto, continua válida a conclusão de que ele só vai parar quando chegar ao fundo do poço.

Atualmente, temos um conhecimento maior sobre a dependência química, que nos permite tirar algumas conclusões próprias. Conclusões, é claro, levadas a efeito partindo ou decorrendo das considerações válidas instituídas pelos AA.

Primeiro, os grupos são uma parcela da sociedade como um todo, e fora deles existem conceitos que enquadram os dependentes, como o conceito social, o conceito jurídico e o conceito médico, e deixar o doente chegar ao fundo do poço com base nesses conceitos é muito perigoso. O doente pode chegar a uma condição trágica, cujas consequências sejam irreparáveis e até impeçam a sua recuperação.

Em paralelo à análise do fundo do poço, cabe também que nos detenhamos no conceito de que a doença é progressiva. Os dois conceitos são extremamente verdadeiros e úteis no intuito de entender a doença e propiciar meios para a sua recuperação. O *fundo do poço* representa a dor que o comportamento do doente causa, e a *progressividade* é o aumento dessa dor. Considere que a dor vai aumentando, ou seja, é progressiva na proporção do tempo em que ela é exercida.

Podemos, então, concluir que o doente um dia não suportará a dor que sua doença lhe causa e, então, adentrará na porta aberta dos AA.

Ora, outro conceito extremamente valioso abordado pelo Programa de Recuperação dos AA é o que trata da *falta de natureza exata*, característica do doente ativo. Ou seja, a doença tira o doente da realidade da vida: da sua e da dos outros. Ele perde a noção do que é *certo* ou *errado*.

A reflexão dos lemas e conceitos estabelecidos pelos diversos Programas dos Anônimos deixa bem claro que a responsabilidade pelas atitudes dos doentes fora de seus grupos é deles mesmos, perante as regras e leis que a própria sociedade define, em seus diversos âmbitos de atuação.

O fato é que se torna bastante perigoso para todos deixar que o doente chegue ao fundo do poço. Considerando-se que esse fundo do poço é a somatória de problemas de toda ordem, ressaltamos que estes são problemas que o próprio doente cria e que jamais resolveria sozinho.

Ora, basta analisar a seguinte afirmação verdadeira:

Problemas que ele mesmo cria.

Não é necessário que alguém crie problema para o doente. Trocando em miúdos:

Fundo do poço são problemas, e ele só vai querer se libertar da doença quando tiver muitos problemas. A progressividade da doença representa, na verdade, a existência de muitos problemas.

Depois da compreensão de todos esses conceitos, que são verdadeiros, vale considerar o seguinte questionamento:

> *Por que o doente convive com essa doença
> por tanto tempo?*

A resposta está embutida na seguinte verdade: os problemas não são verdadeiramente de quem os cria – *são de quem os resolve*.

Ainda que não seja por mal, são as próprias pessoas que mais amam o doente que o impedem de se recuperar, ao resolverem os problemas que ele cria e, assim, impedindo que chegue ao fundo do poço.

A FAMÍLIA

O início

Os Alcoólicos Anônimos têm como data de aniversário o dia 10 de junho de 1935, e a partir dessa data eles marcaram uma nova era para a abordagem de alcoolismo no mundo. Em decorrência, a partir de 1940 começaram a surgir unidades de tratamento para o consumo abusivo de álcool, cuja abordagem se concentrava unicamente na recuperação do dependente, sem considerar a importância da família naquela recuperação.

A análise da situação dos doentes alcoólicos que demonstravam grandes chances de recuperação, e que sofriam recaídas a partir do retorno para casa e a convivência com seus familiares, levou observadores a se deterem sobre tais aspectos. Ficou evidente, para alguns estudiosos, a importância da família antes, durante e depois do tratamento do doente alcoólico. A própria designação do termo *facilitação,* para configurar as atitudes dos familiares, dá bem uma ideia da participação da família no relacionamento com a doença. A família *facilitava* as recaídas dos doentes.

O termo facilitação foi substituído por outro termo mais significativo denominado *codependência*, para definir a família do dependente. Resumindo: o dependente não controla o uso de drogas, e a família não controla o dependente; como consequência *um doente contamina o outro*.

Quando se aborda a participação da família como um todo, no desenvolvimento da dependência química de um dos seus membros, existem alguns aspectos que devem ser considerados:

a) A convivência por longo tempo com um mal disseminado em todo o mundo, sem uma abordagem específica, motivou naturalmente concepções várias, muitas das quais criando práticas as mais diversas, distantes e, não raro, contraditórias sobre o assunto *dependência química*.

b) Como é uma doença cujo desempenho provoca distorções comportamentais de toda ordem, agressivas à sociedade, no caso específico do alcoolismo, com sua raiz no consumo de uma droga permitida, fica difícil para a família desvincular os defeitos de caráter do doente do bom nome da família.

c) A doença da dependência de substâncias proibidas por si só, com seus envolvimentos, caracteriza uma condição de marginalidade difícil de ser aceita no seio da família.

d) Embora tenha sido considerada uma doença específica há mais de trinta anos, observa-se uma ausência considerável do Estado, de uma maneira geral, na recuperação efetiva do doente dependente químico.

A tradição familiar

É milenar a existência da tradição familiar. Ao longo de todo esse tempo vêm sendo desenvolvidos conceitos e práticas absorvidos e disseminados sobre *a união de seus pares*, que se tornou uma herança mais forte do que a de bens materiais.

Diferentemente da herança material, a tradição familiar não é anulada com a ausência ou presença de qualquer um dos membros da família – ela já existia e continuará a existir antes e depois deles.

Cada vínculo familiar gera uma expectativa, numa escala perfeitamente definida, do papel e das atribuições de cada um: o papel dos avós, dos pais, dos filhos, e assim por diante, dependendo do grau de parentesco, segundo o conceito de família.

As leis instituídas por qualquer sociedade respeitam as tradições familiares, até no que se refere à idade de seus membros. Observem o Código Civil brasileiro, que parece buscar na tradição familiar o conceito de convivência, quando legisla que os pais devem "exigir que se lhes preste obediência e respeito", mesmo, e principalmente, no que se refere aos filhos menores.

O conceito de "doença"

Sem o entendimento da doença pela família, o dependente tem pouca chance de se recuperar.

Vamos esclarecer alguns pontos essenciais que a família precisa considerar *para lidar com um doente dependente químico*. Assim como a família do dependente químico tem de reconsiderar o conceito de tradição familiar, o mesmo se dá em relação ao conceito de doença. O conceito antigo de doença entende que o doente é vítima dos males que corroem sua saúde. Na dependência química, o doente é seu próprio algoz. Observe as comparações abaixo:

Dor *versus* prazer

A primeira e essencial comparação entre as doenças demonstra claramente que as doenças que a humanidade conhece e com as quais lida desesperadamente são todas alavancadas por uma dor imensa, muitas vezes insuportável, cuja progressividade vai minando tanto o doente quanto quem convive com ele. Então:

> *As doenças comuns são movidas pela dor.*

A doença *dependência química* é alavancada pelo *prazer*, que, embora ilusório, faz com que o doente não consiga viver sem ele, já que a droga levou seu cérebro a não mais produzir o prazer natural como se dá com todo ser humano.

> *A doença dependência química é movida pelo prazer.*

Doentes comuns querem se libertar da dor.
Dependentes químicos *não querem libertar-se do prazer* que as drogas lhes propiciam, ou melhor, *não conseguem*, porque elas incapacitaram seu cérebro de produzir o prazer natural.

A forma como as pessoas lidam com as doenças comuns entra também na tradição familiar – pela comoção, compaixão e união que promovem. A forma de encarar a dependência química é diferente, está fora dessa tradição – a dependência causa aversão, repulsa, raiva etc. É percebida pelas famílias como uma quebra da tradição.

Pessoas e ambientes da ativa

De acordo com a gravidade de uma doença, ela irá obrigar a vítima a uma completa mudança de hábitos, à convivência com outras pessoas fora de seu círculo de amizade ou familiar, como médicos, enfermeiros, atendentes, bem como à submissão a práticas terapêuticas as mais diversas, de acordo com prescrições e necessidades inquestionáveis, como as idas e vindas ou permanências em prontos-socorros, hospitais e similares.

A doença dependência química, como todas as doenças graves, também requer uma mudança de hábitos, como o afastamento de pessoas de comportamentos reprováveis e a diminuição da frequência a bares, botecos, baladas, e outros locais pouco recomendáveis. É claro que, nesses locais, o doente vai conviver com pessoas fora de seu círculo, o que, obrigatoriamente, implica uma completa mudança de seu modo de vida.

As pessoas que conhecem o dependente químico costumam responsabilizar e reprovar as pessoas desse novo círculo de amizades pela mudança do doente. Não acho justo. Os ambientes que elas frequentam já existiam, e elas próprias são exatamente o que são e já se encontravam lá, quando o dependente químico foi procurá-las. Esse aspecto leva a considerar um quadro (ou os dizeres numa lousa) que se encontra pendurado nas salas dos Grupos de Apoio:

> *Evitem pessoas e lugares da ativa.*

Quem conhece a doença dependência química sabe que a recuperação implica necessariamente o doente se afastar dos lugares e das pessoas da ativa, pois é como se, no cérebro do doente, já existisse aquele gatilho que o faz se lembrar da droga e do prazer que ela lhe dá tão logo ele entre em contato com qualquer estímulo.

Na discussão deste tópico existe uma pergunta que, infelizmente, deve ser feita, considerando-se o tempo de uso de drogas de muitos doentes:

> *A casa, o trabalho e os parentes já se tornaram "da ativa"?*

Sim, porque não entendem a doença e sua participação na progressão dela.

O caráter do doente

Para o portador de uma doença grave, quanto mais tempo durar seu sofrimento e maior for a frequência em ambientes em que se vê obrigado a estar, maior e mais visível será a mudança no seu caráter. Ele sente que precisa de um milagre e quer ser merecedor dele. A dor o obriga a ser pio e obediente, quanto mais sente que os seus instintos de sobrevivência vão se exaurindo.

O contrário ocorre no caso do doente dependente químico. Seus instintos se exacerbam: *sexo, sono, sede, fome* já não são considerados como essenciais para a continuidade da espécie humana. O doente na ativa tem que mentir, fingir e enganar. A doença ativa exige que ele desenvolva comportamentos que o caracterizam como sem-vergonha, louco e/ou marginal. É somente uma questão de tempo.

A doença é tida como progressiva principalmente no que se refere aos defeitos de caráter. Considere que o *Programa dos AA* ressalta nos seus *sexto e sétimo passos* esses defeitos de caráter inerentes à doença *dependência química*.

Os defeitos de caráter, próprios do comportamento doentio do dependente químico, representam aspectos de suma importância para a compreensão da doença. É como se esses defeitos não fizessem parte de sua índole e pudessem ser retirados, se verdadeiramente ele fosse doente. Eles fazem parte da doença, assim como a febre faz parte da gripe.

Os comportamentos característicos da doença representam um universo tão diverso e imensurável que as *Tradições do AA* não enfocam quais ou quantos sejam eles:

Enfocam as drogas, quaisquer que sejam, como elemento desencadeador desses comportamentos.

O custo das doenças

Difícil avaliar o custo de uma doença grave, como o câncer, por exemplo. Fato é que a doença congrega as pessoas, principalmente a família, e atualmente esse custo é minimizado com a participação de órgãos assistenciais, do governo ou não.

Difícil também é avaliar o custo da doença dependência química. Tal avaliação torna-se imprevisível: a doença envolve a dilapidação de bens, tanto do doente quanto das pessoas que o cercam, e até mesmo de desconhecidos, por aspectos que fogem ao controle de todos que se envolvem emocionalmente com o doente.

O vínculo emocional

O vínculo emocional, como já discutimos, é uma tradição milenarmente instituída que aproxima as pessoas de uma mesma família. Quanto mais forte ele for, mais responsável um se sente pelo outro. No caso de uma doença grave, é natural que todos se unam em torno do doente, tentando resolver, de alguma maneira, os problemas que a doença cria. Isso pode ser chamado de *amor*, e é louvável.

Os erros de amor

A dor representa o fundo do poço.

E os Alcoólicos Anônimos afirmam:

O doente só vai querer parar quando chegar ao fundo do poço.

Numa constatação simples, consideramos que o fundo do poço nada mais é do que os problemas que o doente cria.

> *A família impede que o doente chegue ao fundo do poço.*
> *Ou seja, de chegar a uma condição de querer parar.*

Desde o início da doença dependência química, tudo o que o doente tem são os problemas que *ele mesmo causa*. Ora, é fato que no início da doença o dependente químico ainda tem alguma consciência dos aspectos adequados e inadequados de seu comportamento. Em consequência, seus problemas são menores e o fundo de seu poço é raso. Nessa fase inicial, as pessoas que têm um vínculo emocional com ele, ou seja, os codependentes, começam a resolver os problemas que o doente cria, permitindo que a doença progrida.

> *A família não precisa criar problemas para o doente, basta não resolver os problemas que ele cria, dando chance a uma recuperação no início da doença.*

Resolver os problemas que o doente cria pode ser considerado como *erros de amor*.

A família precisa entender que a doença é progressiva. Essa progressividade deve ser considerada também e, principalmente, no aspecto comportamental danoso do doente.

> *Quanto mais tempo o doente convive com a doença, mais comprometedores são os seus defeitos de caráter.*

Algumas características da *codependência* ou *doença da família*, causada pela dependência química:

a) *vergonha e isolamento:* o conhecimento da doença faz com que a pessoa que tem vínculo emocional com o doente, de início, se afaste ou não queira tomar conhecimento de qualquer coisa que se refira ao uso de drogas. Ela considera que já ouviu ou leu tanta coisa ruim a respeito, que tal "coisa" é uma agressão ao nome da família e ao seu também. A simples menção ao assunto a atinge. Não é raro recusar convites para reuniões, familiares ou não, onde desconfie que tal assunto possa vir à baila. Começa a imaginar situações de constrangimento em sua casa, com a presença do doente, por isso evita aceitar convites para também não ter que convidar.

b) *culpa:* não é raro o familiar do doente começar a imaginar situações de seu passado em que cometeu erros e considerar que o surgimento da doença seja um castigo em decorrência de alguma falha sua. A culpa imobiliza e impede qualquer tipo de atitude que o dependente emocional saiba que é certo tomar.

c) *medo:* o codependente, numa situação de ativa de alguém com quem possua um vínculo emocional, não consegue vislumbrar algo de bom no futuro. Começa a imaginar consequências e males de toda natureza. Lê ou ouve notícias envolvendo casos sobre o assunto e, quanto mais ouve, mais se assusta. Sua consciência não está em paz. Gavetas ou portas que antes viviam abertas agora são trancadas. O desastre pode se tornar iminente.

d) *raiva:* instala-se um sentimento de antagonismo mudo. Afinal, a família está sofrendo pelas inconsequências dele. Muitas vezes a vontade de reagir aparece e é contida. Pensamentos agressivos são contidos e, muitas vezes, fazem aumentar a culpa.

Codependência não é só uma palavra, é uma condição que gera desestruturas emocionais de toda ordem, impedindo o bom desempenho na escola, no trabalho, no lazer e no convívio da própria família. É como se o membro da família não tivesse mais vida própria, com a doença do dependente influindo em todos os aspectos da sua vida.

O codependente precisa de tratamento, tanto para superar suas próprias emoções desestruturadas como para saber lidar com o dependente químico.

Por que deixamos que ele chegasse a uma condição de falência humana?

Acredito que, como acontece com o doente, nós também não temos a exata consciência do que é a doença da dependência química. É uma doença que vai culminar com a extrema falência física e mental – e ela não ocorreu de repente. Vem se desenvolvendo ao longo de anos, não de dias – repito, de anos. E desde o início todos percebem, principalmente os que convivem com o doente. Embora ele use, no início, como todo mundo usa, no caso do álcool, e escondido, no caso das drogas proibidas, ele vai, ao longo do tempo, desenvolvendo um comportamento diferente, seja na mudança de hábitos, na frequência a determinados ambientes e no convívio com certas pessoas.

O doente não chega de repente à condição final da doença. Essa condição final acontece de maneira progressiva e se desenvolve aos poucos, e os que convivem com o doente percebem essa mudança. Ela se dá com o uso de qualquer substância, sejam as permitidas, as controladas ou as proibidas.

Os grupos de ajuda, sejam os Alcoólicos Anônimos, sejam os Narcóticos Anônimos, classificam esse estado mental como *perda da natureza exata*, e a ciência o classifica como *perda da capacidade de julgamento crítico*.

A perda da natureza exata é o estado de déficit mental e emocional a que chega o dependente, após ter aprofundada sua desestrutura emocional (em geral definida como compulsão). A compulsão o leva obrigatoriamente a se concentrar em sentimentos fixos, ligados a ela. Quando isso acontece, a pessoa perde a capacidade de perceber os outros aspectos de sua existência – seus outros sentimentos, sua condição no mundo, o valor de suas relações. Essa é a perda da natureza exata, outra condição própria da doença da dependência química que alguns entendidos teimam em não considerar, quando transferem para o próprio dependente, já em um grau considerável de comprometimento, a responsabilidade pelo seu comportamento.

Ora, com o tempo, ele aprendeu a ser irresponsável, e os AA, os NA e a própria ciência anunciam como uma das condições da própria doença ele não saber distinguir entre certo e errado. "Se der certo, está errado"...

O prazer do uso de drogas

A minha experiência ensinou que as drogas criam um "prazer" próprio, característico de cada uma delas, pela explosão de químicas artificiais que cada uma leva o ser humano a sentir; que a sensação desse prazer é aumentada num ambiente próprio e no convívio com pessoas da mesma "espécie". Em algum momento, nesse convívio e ambiente, o usuário sente uma *sensação de euforia* que jamais sentira antes. A partir daí, podemos afirmar que seu relacionamento com as drogas torna-se *leviano*. Sua paixão se volta para a sensação de euforia, como se as drogas fossem o veículo que o transportaria a sentir novamente aquela sensação. Tanto que o uso se torna uma forma até descompromissada de amor a cada droga em si.

O que interessa, o que move o usuário, é a necessidade de sentir novamente aquela euforia inexplicável. A partir de algum momento, a busca por aquela sensação é tudo o que o usuário possui. É *uma necessidade* que o leva a cometer qualquer insanidade. O problema é que ele jamais voltará a sentir novamente aquela sensação. É *uma busca insana*, e ele é capaz de qualquer coisa para sentir o que não existe mais.

Quando somos obrigados a considerar o "fim de carreira" do dependente químico como trágico, temos que nos fazer algumas perguntas: Como ele chegou a tal ponto? O que podemos fazer a respeito?

Sem sombra de dúvida, o doente dependente químico jamais chegaria ao fim de carreira sem ajuda de alguém. Quem o ajudou a chegar aonde chegou?

As respostas são óbvias, e o erro é, de início, considerarmos essas respostas óbvias como definitivas e não nos aprofundarmos nesse questionamento.

Fora dos Alcoólicos Anônimos ou dos Narcóticos Anônimos, o enfoque das drogas na sociedade também evoluiu. Com a decisão da OMS de considerar a dependência química como uma doença, estudiosos se debruçaram sobre o assunto, e os mais sérios consideraram como correta *a tese do fundo do poço*, criada primeiramente pelos AA. Contudo, diferentemente das irmandades, a sociedade como um todo, em seus aspectos policiais, médicos, jurídicos e familiares, tem responsabilidades diretas sobre seus cidadãos e é seu dever interferir nessa derrocada trágica.

Parece claro que os primeiros problemas ocorrem na esfera familiar e social (incluindo o estudo e/ou o trabalho), na esfera médica e na esfera judicial, sem uma ordem específica nestas duas últimas. Pois bem, não é possível considerar o fundo do poço em quaisquer dessas esferas, sem prejuízos, que podem ser irreparáveis.

Voltemos à característica de *doença progressiva*, como a dependência química é considerada nas irmandades de AA e NA. É claro que elas se referem aos malefícios da doença como um todo, contudo, para não abrir discussões vazias, vamos abordar agora somente um aspecto: o comportamento do doente no que se refere aos *defeitos de caráter*.

Se misturarmos os aspectos do fundo do poço, mencionado antes, aos defeitos de caráter, o fim aponta para a marginalidade, e o conhecimento da doença identifica que o início dos defeitos de caráter se dá no meio familiar, com *as mentiras de toda ordem*, *as ausências*, *as manipulações*, *o descumprimento de obrigações* sem motivo justificável etc.

O lógico é considerar que tais defeitos ou comportamentos são inerentes ao mundo onde ele consome a droga, portanto, o outro mundo, onde *não* a usa, é que deveria estar atento; mais especificamente, o mundo onde ele não consome a droga e que convive mais intimamente com ele, portanto, a família.

E a família, na maioria dos casos, parece que já perdeu também a capacidade de julgamento crítico sobre o mal, em alguns casos por desconhecimento, em outros, também por doença.

Não nos cabe discorrer sobre os outros aspectos médicos, contudo, seria muito proveitoso que a família considerasse a doença também sob seus variados *comprometimentos físicos*.

A ilusão do prazer

Quando se diz que o prazer que o dependente químico sente é uma ilusão, não é porque ele não sinta. É ilusão para o mundo, para a família, para as pessoas, *pois só ele sente*.

Essa ilusão não é só um sentimento, ela se subdivide nos prazeres que ele sonha sentir e com que, sob os efeitos da droga, se sente preenchido, completo. Se isso fosse verdade, é claro que seria a solução para todos os seres humanos, e quem possuísse o meio de levar as pessoas a esse sonho ficaria rico. Estou falando dos traficantes. A verdade é que esse é um aspecto que precisa ser bem explicado.

Imagine que um dia alguém oferece algo a um jovem, e ele aceita. Aceita por qualquer motivo – por curiosidade, para fazer parte da turma, para comemorar... enfim, o motivo pelo qual aceita merece uma discussão longa. O fato é que ele aceita e usa a droga. Pode ser que, na primeira vez, ele nada sinta, ou se sinta mal. Contudo, se não acontecer algo, como um acidente de percurso, haverá uma segunda vez, e, então, ele será tomado por uma *ilusão de simpatia*, *de beleza*, *de desenvoltura* que jamais sentira. Não importa que alguma garota lhe dê o fora, pois ele insistirá e conseguirá. Após, por exemplo, dançar ao som de uma música, ele se sente maravilhado com sua própria desenvoltura, se pergunta como poderia ter dançado tão bem, se nunca frequentou qualquer academia, e por aí vai.

Tudo isso é ilusório, porque só ele se sente bem. A garota com que dançou pode ter saído com o pé machucado, as pessoas podem tê-lo achado inconveniente por esbarrar em outros casais, por estar atrapalhando etc. Para ele, no entanto, o que interessa é o seu próprio sentimento.

A ilusão de simpatia pode torná-lo inadequado. A ilusão de beleza pode levá-lo a se envolver em relacionamentos impróprios e inadequados, como presumir que sua cunhada está lhe "dando bola". Sua sensação de beleza o libera e, certamente, vai se meter em confusão.

Passa a se relacionar mal com dinheiro, ou com bens de qualquer natureza. Como vimos, é tomado por uma ilusão de riqueza que o faz lidar de maneira inconsequente com o dinheiro. Se não tiver bens, passa a lidar com o dinheiro dos outros.

Essa ilusão se estende por todos os aspectos de sua vida e, um dia, nem ele mesmo sabe quando *a ilusão atinge um pico*. É algo que ele jamais experimentou ou imaginou que pudesse sentir. A partir desse ponto, nada mais tem importância em sua vida. Só o que busca é aquela "explosão de prazer".

Na procura por sentir outra vez prazer naquela dimensão, o mundo passa a não valer nada mais para ele. Não importa a mãe, o pai, a esposa, o filho... e, reflitamos bem:

> *A droga também não importa mais.*

Isso merece uma explicação: não importa mais a droga *que não lhe faça sentir* aquela sensação que ficou arquivada na sua lembrança. Essa sensação pode ser chamada de *lembrança eufórica*. Juntamente com a ilusão do prazer, são também arquivadas as pessoas e os lugares onde o prazer se deu.

À procura de sentir novamente aquela ilusão, o doente passa a mudar seu relacionamento com a droga, seja modificando a quantidade que está acostumado a usar ou consumindo uma substância cada vez mais forte.

As *overdoses* são consequências do aumento da quantidade de droga para se obter a mesma sensação de prazer de antes; o organismo não suporta.

OS HÁBITOS

"Hábito: disposição adquirida pela repetição do ato, do uso, do costume" (Dicionário Aurélio).

A própria definição já dá uma ideia da importância e do poder que o hábito representa na vida do ser humano.

A primeira consideração é que o conjunto de hábitos bons constitui o acervo que um indivíduo construiu ao longo de sua vida e pelo qual é caracterizado, primeiro pela sociedade, como cidadão, segundo pelos padrões de ética que ele pratica e respeita. A segunda consideração diz respeito a seu caráter, que o faz desenvolver o amor-próprio, ou seja, gostar de si mesmo e sentir-se amado e respeitado por sua família, de maneira geral.

Todo e qualquer hábito tem um início, seja bom ou ruim. Para que exista, necessita antes de uma interpretação do indivíduo que o cria, sobre qualquer aspecto de sua vida.

A interpretação faz com que o ser crie e desenvolva hábitos de afastamento ou de aproximação.

Terá hábitos de aproximação e de posse, se ele gostou do que interpretou, e de afastamento e repulsa, se não gostou.

Ainda que o operário não goste de seu trabalho, se a necessidade de sobrevivência o obriga a desempenhá-lo, ele criará hábitos, mesmo que desenvolvidos de maneira automática ao longo de anos, que ficarão arquivados em seu cérebro por longo tempo ou por toda a sua vida. Esses hábitos poderão fazer dele um bom ou mau funcionário, mas estarão lá. Para que ele se torne um bom funcionário, é necessário que aconteça algo que o faça reconsiderar o prazer pelo que faz. Mesmo assim, será muito trabalhoso substituir velhos hábitos por novos.

> *O ser humano jamais conseguirá criar hábitos novos se não retirar ou modificar os velhos.*

O não entendimento da importância dos hábitos na vida do dependente químico tem impedido doentes de se recuperarem ou mascarado a doença, notadamente no alcoolismo, que se desenvolve mais devagar, impedindo que as pessoas que convivem com o alcoólatra adotem atitudes antes que uma tragédia aconteça. Doentes de certa idade, que começaram a trabalhar cedo e permaneceram no trabalho ao longo de sua doença, perdem casamentos, se afastam dos filhos, da família, enfim, de aspectos importantes de sua vida, mas continuam trabalhando, porque os hábitos adquiridos e desenvolvidos ao longo de anos serão o último aspecto que ele vai comprometer. Isso geralmente dificulta o entendimento da doença.

Algumas crianças conceituam a amizade como o aspecto mais importante de sua vida. Mas aquelas que, pelo seu modo de vida, são impedidas de construírem amizades como sua mente conceitua, *criam* um amigo imaginário e conseguem desenvolver hábitos de relacionamento com esse amigo que, com o tempo, é substituído por amigos reais. Contudo, precisarão de uma convivência real, cujos hábitos substituirão aqueles criados por sua imaginação.

Nada substitui, para um carnavalesco, por exemplo, os momentos do desfile de sua escola na Marquês de Sapucaí, no Rio de Janeiro. São hábitos desenvolvidos durante poucos dias do ano, mas que representam toda a essência de sua vida. Lembrem-se da música do Chico Buarque: "...trabalha, trabalha, o ano inteiro por um momento de sonho, pra fazer a fantasia, de príncipe, pirata ou jardineira... e tudo se acabar na quarta-feira...".

Normalmente, é na infância e na adolescência que o ser humano começa a construir seus sonhos. E, para a realização desses sonhos, não só qualifica, como também quantifica o acervo de qualidades que precisa adquirir. Tudo o que ele sabe é que ainda não possui essas qualidades, principalmente o arrojo ou a desenvoltura necessária para desempenhá-las.

Ele tem pressa e não consegue esperar que essas qualidades e o arrojo necessário se desenvolvam naturalmente.

Alguns jovens não conseguem esperar o tempo certo ou desconfiam que jamais conseguirão reunir as qualidades necessárias para ser o que pretendem. Bem pior do que isso é o fato de não entenderem que se trata de um aprendizado que depende exclusivamente deles.

Até que, um dia, eles usam qualquer tipo de substância psicoativa que produz uma explosão de químicas artificiais no seu cérebro.

É enganoso supor que o usuário sinta uma sensação boa já na primeira vez que usa a droga. Alguns até se sentem mal, como se o cérebro identificasse a droga como uma intrusa e emitisse um sinal geral de perigo.

Contudo, ele volta a usar, muito mais para fazer parte da turma ou pela necessidade de fazer "amigos" do que propriamente pelo prazer que a droga lhe causa. O prazer vai aumentando aos poucos, de maneira sucessiva, durante o tempo de uso.

Vale voltar a analisar alguns conceitos que já mencionamos, sobejamente conhecidos, que tentam definir o estado mental do doente dependente químico:

- *Perda da capacidade do julgamento crítico.*
- *Falta da natureza exata.*
- *Sentimento de ser enganado.*

Esses conceitos indicam uma contradição entre o que o doente verbaliza e a sua conduta, ou os seus hábitos.

Pergunte a um dependente químico sobre suas próprias crenças, sobre aquilo que mais ama, e ele verbalizará o que ouviu falar e o que teoricamente aprendeu. Você o ouvirá discorrer sobre o amor a sua mãe ou a seu pai, mulher ou marido, filha ou filho; alguns ainda enaltecem o amor pela profissão. Alguns doentes até choram pelo afastamento dessas pessoas ou pela perda de alguma condição.

Qualquer ouvinte sóbrio notará a incoerência dessas afirmações porque sabe que esse doente está desesperado, ou já se afastou, porque o verdadeiro amor dele é representado pelo seu esforço na direção daquilo que verdadeiramente mais ama, em detrimento ou no sentido contrário daquilo que ele deveria amar. Ele gasta seu tempo, esforço e meios na direção contrária. Na procura do quê? A resposta não pode e não deve ser outra – na direção do que a doença mais ama: *a droga.*

Na verdade, todas as pessoas que ele diz amar estão desesperadas porque sentem seu *desamor.*

O doente não percebe sua incoerência.

Essa falta de percepção entre o que ele diz e o que faz acentua a importância dos hábitos do doente, tanto no exercício da doença, quanto, e muito mais, na recuperação.

O que o doente diz constitui a soma de seus pensamentos, que é denominado como processo inteligente. É o *"eu sei"* do doente. A simples verbalização do "eu sei" pelo doente elimina um reexame mais profundo do que se passa. Como se essa frase não permitisse uma introjeção ou uma avaliação mais profunda de seus erros. Ela fecha o processo e não permite uma reavaliação de suas atitudes ou de seus hábitos. Esses hábitos da ativa constituem uma programação que passa a dominá-lo, levando-o em direção ao prazer que as drogas proporcionam.

Pode ter certeza de que não existe recuperação da doença dependência química sem a modificação dos hábitos, ou melhor, sem a substituição efetiva da conduta desse doente.

Como o cérebro dele já está numa *zona de conforto* com relação a esses hábitos, ouvir-se-á quase sempre o doente verbalizar que *"é difícil"*, o que na verdade representa uma carga insuportável.

> *Não é difícil, é diferente. É diferente!*

É uma atitude mental que tem de ser modificada na recuperação.

Hábitos desenvolvidos e arraigados ao longo de todo o desenvolvimento da doença ativa não podem ser mudados por uma simples questão de vontade. É preciso desenvolver novos hábitos em substituição aos antigos.

> *Novos hábitos... Novos hábitos.*

O cérebro já se encontra numa zona de conforto com relação aos hábitos antigos. Ele não obedecerá a uma simples questão de vontade.

Os *hábitos armazenados ao longo do tempo* da doença ativa já *ocuparam uma zona de conforto no seu cérebro*, que simplesmente se recusará a substituí-los por outros.

Esses hábitos estão intimamente ligados a um pico de euforia que o usuário sentiu em alguma ocasião durante o consumo da droga. Na ativa, a meta emocional a ser alcançada é aquela euforia inicialmente sentida. *Os hábitos e as drogas são o meio para isso.*

A doença tem um *pico de prazer*. Existe na vida de cada doente um grau de prazer tão grande, que o cérebro registra essa *euforia* e ela passa a ser a emoção a ser alcançada. É como se a partir daí o doente passasse a correr atrás desse pico de euforia.

Considero a recuperação como uma *guerra santa*, uma guerra que tem um inimigo, e há um conceito errado que ouço muito dependente alimentar, sem se dar conta, que é o de estar numa guerra contra ele mesmo. Isso não funciona, e explico por quê: se você brigar consigo mesmo, já entra na guerra perdendo, desprevenido, frouxo. Portanto, institua um inimigo e deixe-o à mostra:

O inimigo é a doença.

Então, quando contraria o inimigo, você *vence*.

Sinta-se como se tivesse superado. Esta, acredito, é a primeira construção mental que você tem que incorporar em sua recuperação.

No intuito de dar validade à importância dos hábitos na recuperação, reproduzo a seguir o trecho de um artigo da doutora Suzana Herculano-Hauzel, neurocientista, professora da UFRJ e autora de livro sobre o assunto:

Havia quase dez anos que o estacionamento no trabalho era o mesmo e, mesmo sem termos vagas marcadas, costumo parar mais ou menos no mesmo lugar, todos os dias.

Até que, mês passado, uma pequena obra mudou o portão de entrada e saída de um corredor do estacionamento para o outro, mais distante de onde eu habitualmente paro o carro.

O resultado foi inevitável, passei mais de uma semana errando a saída do estacionamento.

Nas primeiras vezes, simplesmente dirigi até onde o portão antigo ficava, para só então me dar conta do erro e fazer meia-volta.

Nos dias seguintes, fui melhorando aos poucos: ainda entrava no corredor errado, mas a cada vez notava meu erro um pouquinho mais cedo. Até que, finalmente, meu cérebro aprendeu: já sou capaz de entrar no carro ao final do dia e me dirigir ao portão de saída.

Continua a doutora: "Foi divertido, na verdade, notar na própria pele (ou no próprio cérebro) como pode ser difícil extinguir um hábito".

O importante é a conclusão da neurocientista. No mesmo artigo, ela acrescenta:

> *"É a versão bem branda do que dependentes variados precisam conseguir para abandonar seus vícios: reprogramar seus cérebros para quebrar um hábito."*

Podemos até pensar que o prejuízo da doutora não era tão grande assim – um atraso de poucos minutos. Mas, na doença ativa, um minuto pode representar perder a própria vida.

Mudar hábitos é diferente!

O ASPECTO MATERIAL DA ESPIRITUALIDADE

Um bom entendimento do aspecto espiritual começa pelo entendimento do aspecto material. Consideremos, então, que o aspecto material engloba tudo aquilo que o ser humano pode avaliar pelo contato ou manuseio, pela visão etc. Até o relacionamento com outro ser humano implica as condições materiais que ele representa, o lucro de qualquer espécie, a anatomia de suas formas: alto, baixo ou mediano; gordo ou magro; narigudo, orelhudo etc. Até a profundidade do relacionamento pode ser definida por graus, seja de amizade seja de parentesco. Se amigo, parente, irmão, pai, mãe etc.

Enfim, sem maiores considerações, podemos, em princípio, conceituar que não existe no aspecto material nada finito ou perfeito, tudo se transforma de acordo com as necessidades materiais do outro.

Mesmo as pessoas que deveriam ser consideradas muito mais pelo vínculo que representam, como o pai ou a mãe, sob o aspecto material têm defeito, por exemplo, na estética: narigudo, orelhudo, vesgo, e por aí vai, sem entrar em consideração sobre o comportamento de cada pessoa.

Então, considere como regra do aspecto material que basicamente *tudo o que existe é imperfeito*, sob qualquer aspecto.

Se você puder considerar isso, então estará pronto para iniciar o entendimento do aspecto espiritual.

A primeira regra, no que toca ao aspecto espiritual, é que você não pode manusear, ou seja, você não toca, não vê e vai ter necessidade de *exercitar um poder sobre-humano* para criar e desenvolver o que nós chamamos de *espiritualidade*.

Mesmo considerando sob o ponto de vista do que vemos e tocamos, existe um aspecto importantíssimo para um melhor entendimento do aspecto espiritual, que não depende do ser humano: são *as leis naturais*. Essas leis demonstram claramente as diferenças entre um e outro ser.

Considere que, um dia, um ser humano especial se debruçou sobre a afirmativa de a Terra ser redonda e começou a se questionar: Se ela é redonda, por que as pessoas e "coisas" do outro lado não caem? É claro que não foi *só* assim, mas, para nosso entendimento, vamos ficar só nesse aspecto. Aquela pessoa, então, conceituou que existe uma força de atração na Terra. E que essa força vai perdendo poder à proporção que se afasta do nosso planeta. Chamou a isso de *gravidade*.

Pois bem: em decorrência da descoberta dessa lei, outras pessoas, também sensíveis, começaram a inventar "coisas", como meios de transportes que pudessem *voar*, culminando com a ida do homem à lua etc., sem falar nos satélites de comunicação – enfim, invenções que tiveram uma influência incrível no futuro da humanidade.

Você pode se beneficiar de qualquer invenção existente em decorrência dessa lei e simplesmente afirmar que não acredita na lei da gravidade. Mas sua afirmação não vai modificar em nada a existência da lei. Mas, perante quem a conhece, essa lei poderá dizer alguma coisa com relação a você. Você pode ser um colecionador de carros, possuir vários, de todos os modelos e marcas, e, no entanto, não se deter na sensibilidade do ser humano que determinou a *lei dos corpos*, ou seja, que um corpo sólido não ocupa o lugar de outro corpo sólido.

Um ser humano especial considerou que, colocando um artefato nesse corpo sólido, poderia fazer ele se locomover. Quando isso fosse possível, teria que haver uma lei determinando que o corpo sólido que fosse numa direção, teria que ir por determinado lado, e o que viesse em direção contrária, teria que vir por outro. Bom, essa regra sobre as direções, de um ir e outro vir, poderiam ser mudadas. O que não pode ser alterada é a lei dos corpos.

E como faz para parar esse corpo sólido? Já que, mesmo que o artefato usado seja especial, ele não pode ser simplesmente parado imediatamente no lugar e momento que você quiser? Pois existe a *inércia*, ou seja, o corpo ainda se deslocaria por um espaço além.

O esforço de um ser humano no sentido de inventar um meio eficiente de reduzir a inércia culminou no surgimento de freios especiais, atualmente o ABS. Pois bem, o ser humano pode desconhecer ou não acreditar na lei dos corpos, mas a sua descrença não vai alterar a existência de nenhuma das leis naturais. Aliás, o descrédito e o desrespeito da grande maioria dos seres humanos à existência dessas leis trouxeram à tona a tese contemporânea, defendida por muitos cientistas e pensadores sérios, de que tragédias e cataclismos acontecerão num futuro bem próximo.

Essas considerações foram feitas para que possamos avaliar o nosso real tamanho, e que as nossas afirmações têm muito mais relação com nós mesmos do que com aquilo que existe fora de nós.

Portanto, mesmo no aspecto material não há uma postura alinhada com o que existe. Para o doente, principalmente os dependentes, não importa que exista. *Ele não acredita e, fechada a questão, não importa que ele toque, veja ou sinta.*

O ASPECTO ESPIRITUAL

> "Amai o Senhor teu Deus
> de todo o teu coração,
> com toda a tua alma
> e com todo o teu entendimento."
> Jesus

Já escrevemos sobre emoções em capítulos anteriores, mas nunca é demais repetir que a emoção é uma energia que move o ser humano. A *espiritualidade* é uma característica do humano que também é capaz de movimentá-lo. Depende dele, e aí se situa todo o seu poder. A diferença entre as emoções e a espiritualidade é que, para as primeiras, o ser humano precisa dos seus sentidos. Já, para a espiritualidade, ele tem que desenvolver uma capacidade de se relacionar com o que não vê e não toca, como que saindo do seu mundo material.

O poder do ser humano é tanto, que exercitá-lo depende unicamente dele.

Se analisarmos a Bíblia como a história do ser humano, porém, sob o nosso foco de interesse, que é o da doença e da recuperação, podemos encontrar subsídios interessantes que se encaixam dentro das nossas necessidades para o entendimento do aspecto espiritual.

Consideremos não o início do mundo, mas o início do comportamento humano em desobediência às instruções vigentes, estabelecidas entre Deus e ele, o primeiro ser humano, chamado *Adão*. Adão sabia o que era certo e o que era errado. Ganhou um lugar chamado "Paraíso", e, além disso, uma companheira. Era só seguir o regulamento, seja lá qual tenha sido a regra instituída. Fato é que Adão não cumpriu e, a partir dali, tomou conhecimento do *bem* e do *mal* e se escondeu, quebrando uma harmonia previamente estabelecida. Escondeu-se porque percebeu que estava nu. Sentir-se nu engloba todo o sentimento do doente dependente químico, quando não desempenha ou não cumpre o que prometeu. A mim parece que nada tem a ver com vestimentas, quaisquer que sejam.

É claro que o primeiro homem negou as responsabilidades sobre seus atos, o que continua a fazer até hoje.

"Foi a mulher que o Senhor me deu." Por trás dessa afirmação, pode estar o entendimento: "Que Deus é o Senhor? Eu não lhe pedi mulher nenhuma"...

Parece que a única saída era instituir o *livre-arbítrio*, que nada mais significa do que estabelecer que o ser humano é responsável pelos próprios atos. O livre-arbítrio, analisado sob o aspecto do primeiro passo dos Alcoólicos Anônimos, parece ser a essência para um entendimento que encerra o início da doença dependência química: "Admitimos que éramos impotentes perante o álcool, que tínhamos perdido o domínio sobre nossas vidas".

Quando o dependente químico perde o domínio da própria vida, é porque o livre-arbítrio dele foi reduzido pela droga, ou seja, ele não estava inteiro, foi-lhe tirada a capacidade de escolha. Ele não tinha o *domínio* de suas atitudes.

> *Perda do domínio é igual a perda do livre-arbítrio.*

Sob o aspecto espiritual, esse conceito ajuda a entender não só a condição do doente, mas também aquilo que criará nele a necessidade de desenvolver a crença num *poder superior*.

Sabemos das várias tentativas existentes em toda e qualquer sociedade para dar ao ser humano meios para desenvolver o *contato com Deus*. Com certeza, existem regras para o desenvolvimento desse contato, e uma delas está embutida na interpretação do terceiro passo dos AA: "Decidimos entregar nossa vontade e nossa vida aos cuidados de Deus, *na forma em que o concebíamos*".

Analise o livre-arbítrio introduzido no conceito do terceiro passo dos AA. Tenho que conceber... É uma autoridade dada a mim e a mais ninguém. É como se o doente, que já não tem o *domínio*, também não exercitasse o poder de idealizar, de compreender, cedendo essa capacidade tão importante a outras pessoas, líderes religiosos ou não.

A grande verdade é que a doença dói, essa dor torna o doente vulnerável ao fazer suas escolhas e ele pode enveredar pelas opções que lhe são oferecidas e que não representam na realidade aquilo de que necessita. É claro que as religiões têm o seu valor, até por se constituírem grupos que favorecem a tentativa de o ser humano desenvolver sua espiritualidade.

Em resumo, o desenvolvimento do sentimento *espiritual* é de responsabilidade única do doente.

Na procura da espiritualidade, o doente deve ter muito cuidado com práticas ou ajuntamentos solenes que visem promover a perda de seu *livre-arbítrio*, com rituais visando tirar sua autoridade e, assim, fazê-lo sentir *"algo"* que não deveria.

> *Sem livre-arbítrio, sem domínio.*

Isso é doença ativa.

Na ativa da dependência química, o hábito de ler pode ser uma das "fugas" para não encarar a incapacidade de lidar com a realidade. Alguns doentes leem tudo, segundo o seu próprio interesse, e gabam-se por ter lido todas as obras de alguns autores. Outros não leem nada. Incrivelmente os dois se nivelam.

Alguns doentes em recuperação continuam a manter o hábito de ler e buscam, verdadeiramente, o entendimento de todos os aspectos da recuperação. Parecem querer entender a recuperação lendo, quando a realidade é que não podem reter tudo aquilo que leem, principalmente no início da nova jornada. A recomendação, no início, é muito simples:

> *Escolha um livro e se dedique a ele, procure interpretá-lo, e, se o livro for bom, você, embora seja homem de um livro só, será um homem bom.*

Não leia apenas: *interprete!*

Sobre esse conceito, e para entendimento do aspecto espiritual, pensemos na Bíblia. É muito fácil contestá-la sob o ponto de vista da geografia e/ou história. Porém, é o livro mais lido do mundo. Então, *por que será que tal livro subsiste através de séculos e séculos?* Ele foi escrito por vários autores e em épocas diferentes.

Um dia entendi:

Era um livro sobre recuperação, tanto de homens quanto de nações.

Era claro que aquilo que eu entendia como *recuperação*, ali estava definido como *salvação*, o que, no fim, significa a mesma coisa.

Logo me deparei com o primeiro herói, chamado *Moisés*, extremamente medroso, como se quisesse esconder sua condição de judeu, criado pelos inimigos de seu povo como egípcio. Quando foi escolhido para libertar o povo, *negou* sua capacidade por mais de uma vez, tanto por desconfiar de sua insignificância, pois não iriam acreditar que ele fosse o eleito para tão grande tarefa, quanto pela sua incapacidade de se expressar. Vale acrescentar que Moisés já tinha matado um homem e escondido o corpo no deserto. Pois bem: Moisés se recuperou e, de maneira verdadeiramente heroica, conduziu o povo, superando todas as dificuldades que o deserto representava. Foi um verdadeiro herói.

125

Descobri outros heróis que venceram ou superaram suas dificuldades e se recuperaram, ou seja, se salvaram e se tornaram heróis.

O alcoólatra *Noé*, contrariando as leis levíticas, após o dilúvio, "bebeu vinho e se embriagou, ficando despido dentro da tenda". Cam viu a nudez do pai, contou aos dois irmãos mais velhos, e foi amaldiçoado. Nem Noé podia ficar embriagado e nu dentro da tenda, nem o filho Cam podia ver a nudez do pai. E Noé foi o herói do dilúvio.

Assim houve muitos outros que foram considerados heróis por se modificarem ou por superarem uma situação adversa.

Consideremos alguns heróis, como o dependente de sexo *Davi*, que mandou Urias para a guerra a fim de ficar com sua mulher, gerando dessa união outro herói, chamado *Salomão*, que também era dependente de sexo, porém, foi considerado o homem mais sábio daquela época. Interessante é poder constatar o tamanho do arrependimento de Davi, nos Salmos que ficaram à nossa disposição.

Isso sem falar no dependente de amor e sexo chamado *Sansão*, no raivoso *Jonas* e em tantos heróis que são verdadeiros exemplos de recuperação ou salvação.

Consideremos que aqueles heróis não se submeteram a nenhum tratamento específico para a mudança de suas vidas e, no entanto, eles se transformaram em novas criaturas. É válido considerar o que aconteceu com eles:

Colocaram suas vontades e suas vidas aos cuidados de seu médico (Terceiro passo do AA).

É como se, em algum momento, tivesse acontecido algo para que adquirissem uma visão nova que os transformou.

> *Adquiriram uma nova capacidade de ver, ouvir e sentir.*

É tudo de que o dependente químico precisa, considerando a sua *falta de natureza exata*, segundo os AA, e a *perda da capacidade de julgamento crítico*, cientificamente falando.

Considere o esforço e a concentração mentais exigidos de uma pessoa no seu relacionamento com uma entidade que ela *não vê* e não *toca*, não sabe como é, que forma tem, nem consegue considerar se é homem ou mulher. O indivíduo, para isso, tem que desenvolver um esforço mental sobre-humano, como se tivesse que sair de si. Isso é tudo o que o dependente químico precisa na recuperação e, o que é extremamente importante, essas capacidades excepcionais, ele, o doente, pode trazer para todos os relacionamentos de sua vida, tornando-se, em consequência, também um ser humano melhor.

Muitas pessoas vivem bem, são felizes, desenvolvem sem saber "um senso de responsabilidade e generosidade, manifestado por sentimentos de extrema nobreza, com outras criaturas, seres humanos ou animais e com o universo como um todo". Esse senso de responsabilidade as orienta para o caminho do bem. No entanto, por diversas circunstâncias, e a dependência química é uma delas, usuários perdem esse senso de responsabilidade e generosidade. É como se vivessem em outra dimensão.

Os heróis bíblicos a que nos referimos perderam a condição de viver bem, e na época não havia abordagens como as de hoje, mas as doenças existiam.

O que aconteceu com eles?

Em plena fase de angústia, como se tudo o mais tivesse falhado, eles experimentaram o *fundo do poço*. A dor e a necessidade extrema de mudança colocaram-nos em outra dimensão, como se tivessem desenvolvido uma capacidade extrema de *ver*, *ouvir* e *sentir* que os fizeram experimentar sensações novas.

Acredito que podemos definir essa capacidade como *espiritualidade*. Deixaram de ser superiores e desenvolveram ou deram lugar a uma emoção diferente, limpa, com *alguém* realmente *superior* a eles mesmos.

> *Eles passaram a acreditar que alguém superior a eles próprios poderia devolver-lhes a sanidade perdida, e colocaram suas vidas sob os cuidados daquele novo médico.*

Por sua transformação se tornaram referências até hoje.

Existiu uma pessoa que deixou para todos nós, principalmente para os doentes, e, mais exatamente, para os dependentes químicos, uma lição incrível, que, quando corretamente interpretada, representa a raiz de toda a doença. Antes de sua recuperação ou mudança, ele se chamava *Saulo* e pertencia a uma casta dominante, considerada na época superior a todas as outras. Ele prendia pessoas consideradas inferiores e as entregava a seus superiores para, na melhor das hipóteses, escravizá-las. Esse homem mudou e deixou um legado espiritual que pode servir de exemplo para todos aqueles que precisam mudar de vida. Em uma de suas cartas, ele considerou o seguinte:

> *"Eu conheço o bem. Eu conheço o mal. Quero fazer o bem. Não quero fazer o mal. Mas o bem que quero, eu não faço, e o mal que não quero, esse eu faço."*

A essência desse clamor está representada logo no primeiro dos Doze Passos dos Alcoólicos Anônimos. Ele, como todo doente, tinha perdido o domínio de sua vida. O que ele fazia, o seu comportamento, não era a sua essência e, sim, a essência da doença, diante da qual era impotente.

E assim, começou a caminhada daquele homem. Caminhada essa que teve início quando ele deixou de se sentir *superior*. Dizem que ele literalmente *caiu do cavalo*, e não só isso: ficou cego.

Isso me faz lembrar o conceito atual que estamos discutindo:

> *O fundo do poço.*

Saulo tinha chegado ao fundo do poço. Não tinha mais a quem apelar. Tomou consciência de sua verdadeira situação e, assim, foi afastado e colocado na condição de cego para aquela época: foi afastado do povo.

Na verdade, Saulo pôde pensar, e a conclusão parece bem lógica. Naquele tempo não existia saída para a sua situação. Não havia médico que pudesse curá-lo. Tudo que ele tinha naquele momento era tempo para pensar. O mundo material não oferecia saída a ele: *Saulo precisava de um milagre* (segundo passo dos AA).

É claro que ele já tinha ouvido falar de um homem a quem chamavam de *Cristo*, que diziam ser filho de um *Deus* que tudo podia, e podemos supor que Saulo acreditou que:

> *Um poder superior poderia devolver-lhe a sanidade.*

Ele já tinha ouvido falar dos milagres que Cristo realizava em nome de seu Pai, e tudo o que precisava era colocar sua vida aos cuidados daquele Pai, como se *ele* fosse verdadeiramente o médico de que tanto precisava.

Ainda que não fosse um filho querido, podia interpretar as lições que o Cristo deixara. E este falara de uma ressurreição, de uma nova vida e, no entendimento de Saulo, ele próprio poderia seguir os ensinamentos de Cristo sem a pretensão de ser ele.

Saulo concluiu que podia ressuscitar matando a sua natureza de antes. Interprete o que ele deixou escrito:

> *Fazei morrer a vossa natureza terrena: a prostituição, a maledicência, as impurezas, a maneira de falar... etc.*

Parece que Saulo se referiu a uma morte que consistia na mudança de atitudes; numa ressurreição possível a todos aqueles que se dispusessem a modificar seu comportamento, que pudessem eliminar seus defeitos de caráter, tão característicos da doença dependência química. Para deixar sua velha natureza, mudou de nome e, na época atual, é sobejamente conhecida a transformação do Apóstolo Paulo, sendo seus ensinamentos sobre a maneira como alcançou a salvação, de forma espiritual, constante de suas várias cartas do Novo Testamento bíblico.

Na essência, é como se ele deixasse *uma fórmula disponível a todos os doentes* que se dispuserem a mudar de vida, traçando uma linha divisória entre a doença e a recuperação.

A ativa da doença, principalmente da dependência química, é caracterizada pelo comportamento doentio, infringindo normas, leis e todo e qualquer princípio que defina o indivíduo perante a sociedade. Vejamos:

- Perante a sociedade, o dependente químico se comporta como um sem-vergonha.
- Perante a justiça, ele se comporta como um marginal.
- Perante a medicina, embora seu mal seja considerado atualmente como doença, sabemos da dificuldade de ele próprio assimilar a responsabilidade que toda doença exige do doente.

Não é raro muitos doentes iniciarem sua recuperação como devedores, incapazes de conseguir credibilidade de suas próprias famílias e, o que é pior, até *de si próprios*.

Parece que, de início, o doente jamais deve pensar em ir para o céu. Isso não deve ser considerado, antes da recuperação. No início, ele tem que considerar, isso sim, sair do *inferno* em que vive.

Sair do inferno parece ser a primeira meta do doente, sob qualquer ponto de vista, principalmente o espiritual.

> *Inferno é a vida que o doente construiu.*

O melhor passaporte para a saída do inferno é o *perdão* que nosso irmão maior, *Jesus*, deixou para nós.

Existem alguns conceitos deixados pelo Apóstolo Paulo – um exemplo incrível de recuperação – que são de extrema valia para o dependente químico em recuperação:

> *1) Tudo posso, mas nem tudo me convém.*
> *2) Não vos deixeis envolver por doutrinas várias e estranhas, pois nunca tiveram proveito os que a isso se dedicaram.*

Interprete!

Quero ressaltar que uma boa religião (ou seja, aquela que não tira o seu livre-arbítrio, a responsabilidade por suas próprias atitudes) não é só necessária, mas imprescindível para qualquer doente em recuperação, porque ela representa um novo lugar e ambiente para substituir os lugares e ambientes da ativa:

> *Uma boa religião é de uma necessidade incrível para a substituição de velhos hábitos por novos.*

O relacionamento com Deus

Existe uma lógica para que o doente dependente químico se afaste de *Deus*: este pressupõe a perfeição. E perfeição é tudo que o doente considera estar longe de si. Em consequência, é como se ele próprio reconhecesse a barreira que seu comportamento impõe entre ele e Deus, e, de certa forma, esse distanciamento não diz respeito a ele próprio, mas ao que faz e a seu conceito de incapacidade de mudança.

Interpretemos novamente a postura daquele homem nascido poucos anos depois de Cristo, que pertencia a uma casta dominante e considerava os excluídos daquela casta como escravos. E que os tratava com base nessa condição. Perseguia e os prendia. Podemos dizer que, sob o ponto de vista cristão, ele tinha um comportamento reprovável; César, seu deus, era o seu superior, em nome de quem tudo podia e a quem prestava contas.

Diz a história da salvação (a Bíblia) que um dia aquele homem ouviu vozes e caiu do cavalo. Não acredito que uma simples queda seria o motivo de sua mudança. Ocorre que, naquele tempo, *a cegueira implicava o isolamento das pessoas, por serem consideradas inúteis*. Era algo irreparável e, quando acontecia, o indivíduo era visto como responsável e mentor de seu mal. Assim, aquele homem foi excluído da sociedade romana.

Recluso, abandonado, doente, foi largado à própria sorte.

Dizem que a verdadeira mudança do ser humano normalmente ocorre quando ele não tem mais a que se agarrar. E isso, para nós, representa o *fundo do poço*.

"Quando vos chegar o aperto e a angústia, então me invocarão, porém, não me hão de achar"; "lavai-vos, purificai-vos. Tirai a maldade de vossos atos diante dos meus olhos, cessai de fazer o mal, então vinde e arrazoemos... e comereis o melhor desta terra".

"Era uma promessa e tanto", deve ter pensado aquele homem no fundo do poço. Ele se lembrou do homem chamado Jesus Cristo e dos seus ensinamentos, ouviu dizer que, depois de sua vida na terra, ele ganhara outra vida e ressuscitara. O fato é que ele não era Cristo, e não tinha tanta intimidade com o Deus a quem Cristo se referia...

Contudo, uma nova vida era tudo o que ele buscava. Em consequência, aquele homem deixou um legado espiritual para todos os que precisam mudar de vida, principalmente os doentes dependentes químicos.

Tudo indica que aquele homem encontrou uma maneira adequada segundo as suas necessidades de mudar de vida, para *ressuscitar*, de acordo com seu conceito, já que ele não era tão perfeito quanto o filho querido.

"Fazei morrer a vossa natureza terrena."

Saulo definiu, naquela época, "a prostituição, a maledicência, as impurezas [etc.], e por essas coisas é que andavas antes". Claro que ele não falou de drogas, mas as teria mencionado, se elas fossem tão comuns como hoje.

> *Então, o doente dependente químico pode ressuscitar matando a natureza da dependência química, simplesmente mudando o seu comportamento.*

Aquele homem mudou não só o seu comportamento, mas parecia tão necessitado de uma oportunidade, que mudou seu próprio nome de *Saulo* para *Paulo*, de quem alguns de nós já ouvimos falar ou lemos a respeito.

Ele não só implantou uma forma de marcar uma linha divisória em sua vida passada, vivendo de modo diferente, como também estabeleceu várias maneiras de criar vínculos com esse *poder superior*.

No exercício da doença ativa não existe ninguém superior ao dependente, seja seu pai, mãe, filhos, patrões, qualquer pessoa de seu relacionamento ou não. *Ele é o próprio poder superior.* Tudo ou todos que ele vê ou toca, criticam-no ou não o respeitam. É preciso que o doente se relacione com alguém superior a ele, e o primeiro requisito é que não veja nem manipule esse poder superior.

E, assim, Paulo criou alguns artifícios. Ele parece que sabia da sua *condição mental precária* e da *influência que sua vida passada poderia exercer sobre ele*. Já tinha instituído que sua luta era entre o bem e o mal, e, como vinha exercitando o mal, era necessário mudar de lado, ou seja, passar para o lado do bem.

Nada mais importante do que imitar o comportamento de Paulo em alguns momentos de sua vida. Ele escreveu uma carta aos coríntios ensinando como o novo homem deveria proceder. Para isso, definiu o *amor* como uma condição que não procura seus próprios interesses ou a sua justiça. É como se ele, sempre que se deparava com uma situação importante, consultasse a Deus sobre o que *ele* faria naquela situação.

Paulo procurou, nas diversas situações, *encontrar uma resposta que não fosse a sua.*

Uma das frases instituídas por ele, para as mais diversas situações, foi:

Convém ao Senhor?

É como se tentasse entender os interesses e/ou a justiça não dele, mas de Deus, como seu mentor e pai.

São importantes suas *Cartas aos coríntios* sobre como devemos proceder para desenvolver um estreito relacionamento com o Pai, como a epístola 1, cap. 10, v. 23: "Todas as coisas me são lícitas, mas nem todas me convêm", e o cap. 13, vv. 4-6, em que diz que o amor não busca seus próprios interesses, nem sua própria justiça, e sim os interesses de Deus.

Como se deve orar

Percebam a sutileza do evangelista Mateus, quando ele aludiu à maneira de o ser humano orar. Reproduzo, então, para efeito de entendimento, a sutileza com que ele se referiu à maneira de rezar (cap. 6, vv. 5 a 8):

> E, quando orardes, não sejais como os hipócritas, que gostam de orar em pé, nas sinagogas e nos cantos das praças para serem vistos pelos homens. Em verdade vos digo, eles já receberam a recompensa. Tu, porém, quando orares, entra no teu quarto e, fechada a tua porta, orarás ao teu Pai, que está em secreto, e teu Pai, que vê em secreto, te recompensará. E, orando, não useis de vãs repetições, como os gentios, porque presumem que pelo seu muito falar serão ouvidos. Não vos assemelheis, pois, a eles, porque Deus, vosso Pai, sabe do que tendes necessidade antes que lho peçais.

É como se o evangelista quisesse nos fazer parar e refletir, com toda a nossa alma, nosso amor e nosso entendimento, sobre a importância da oração como um dos principais elos de ligação com Deus, nosso Pai. Orar é a maneira de falar com ele, por isso, torna-se não só necessário, mas imprescindível que quem ora sinta que está sendo ouvido, caso contrário, a oração será tediosa e enfadonha e, se realizada apenas como cumprimento de uma obrigação, certamente, com o tempo, perderá todo seu sentido.

A repetição desse mau hábito de orar sem alma, amor ou entendimento, fará o ser humano desacreditar do efeito que ela representa. Sobre esse aspecto, eu me lembro, quando criança, que minha mãe me ensinou a oração ao anjo da guarda. Não vou repeti-la aqui, mas muitas vezes, já deitado, ela perguntava: "Meu filho, você já rezou?". E quantas vezes menti ou simplesmente rezava para me desincumbir... Era uma obrigação, muitas vezes penosa. Mas cresci, e a necessidade de adulto me fez reconsiderar. Muitas vezes me pergunto: "Quantos adultos ainda fazem como eu quando criança?".

Somos humanos e diferentes uns dos outros. É lógico supor que cada um de nós tenha uma sensibilidade diferente. Em decorrência, é justo presumir que uma oração em particular nos sensibiliza mais que outras e, quem sabe, nos traga uma sensação gostosa de que o Pai nos ouve. Certa feita, ouvi o Pavarotti cantando. Para quem não sabe, foi um tenor italiano. Eu me emocionei e, de repente, me deu um estalo: a maneira como ele cantava tinha algo de diferente, era profundo, tinha alma. Então, lembrei-me da oração. Pavarotti estava rezando!

Dependentes químicos perdem a sensibilidade. E, em recuperação, precisam mais do que as pessoas comuns desenvolver esse dom com práticas espirituais próprias. O ideal é escolherem uma oração com a qual se identifiquem e adotá-la como um escudo protetor.

> *Transforme três atitudes diárias como se fossem desenvolvidas como uma oração para o Pai.*
> *Essa prática diária vai reforçar não só a sua crença, mas seu amor e respeito por nosso Deus e Pai.*

Viva, em atitudes, três, quatro orações por dia, como se estivesse trabalhando para ele, além da oração falada.

Certa vez conheci uma pessoa especial que me disse: "Um dia, se você se detiver a orar aquela sua oração particular, não só vai ter a sensação de ser ouvido, *mas também vai ouvir a resposta*".

"Eu acredito em Deus"...

Este é, provavelmente, o mais enganoso dos conceitos. Pessoas de várias crenças baseiam sua relação com Deus no fato de verbalizarem sua crença, e levam toda uma vida pensando que isso é o suficiente. A pergunta simples é: O que você coloca nessa sua crença?

Explico melhor: você deve conhecer algum torcedor que diz acreditar em seu time de futebol. Ele tem camisa, bandeira, vai ao campo ver o time jogar, enfim, dedica tempo e dinheiro em sua crença por esse time, muito mais do que ele dedica a sua crença em Deus.

E assim acontece: dispendemos tempo e dedicação por qualquer outra crença que tenhamos, enquanto nada fazemos com relação à crença que verbalizamos ter, com relação a Deus. Vou além: pense agora, neste momento, nas leis naturais, e se elas dependem de sua crença para existir.

Posso afirmar que acredito em Deus porque ele criou o céu e a terra, por já ter ouvido falar. Pois bem: ele também criou a minhoca, o pé de couve etc. Parece, então, que tem que haver algo mais, e que esse algo mais depende agora de nós. Depende do nosso coração, da nossa alma e do nosso entendimento.

Vamos juntos: ele já nos deu a vida e o mundo para vivê-la e, além disso, o nosso poder de escolha, mesmo com relação a ele. Você pode dizer que não acredita e viver da mesma maneira que aqueles que dizem que acreditam e nada fazem para fortalecer a crença que verbalizam.

Numa primeira análise, o mundo é uma criação e nós somos também criaturas de Deus, por consequência ele é muito poderoso.

Vale questionar: E nós? O que somos? Que tipo de vida estamos levando?

A resposta pode ser dolorosa, mas levamos uma vida infeliz, de pessoas sem poder algum. Muitos de nós sentem aquela sensação de inadequação diante da vida que vivemos. Muitas vezes, essa inadequação é tão grande e, por não termos poder de mudar a vida infeliz que vivemos, queremos sair dela. Nós queremos outra vida, o que não sabemos é como mudá-la. A única saída que nossa pequenez encontra é a do suicídio.

Então, considere que a grande maioria das pessoas que tenta o suicídio, assim o faz por avaliar não ter condição ou não ter poder para mudar de vida. Nessas condições de inferioridade, quantos de nós já pensamos em sair dessa "porcaria de vida que levamos", pela incapacidade de mudar? Não duvido que o ser humano, mesmo nessa condição de desespero, ainda afirme que acredita em Deus.

Ao invés de se desesperar, acredite que a constatação de que a minha afirmação da crença em Deus não tinha poder ou validade nenhuma para a minha mudança de vida, é, ao contrário, um fator incrivelmente importante agora. É, na verdade, o início da minha compreensão de que posso fazer algo para mudar.

"Eu acredito em Deus!"

No meu entender, crença é fé, e o Apóstolo Tiago disse que a fé sem obras é morta, logo, nossa crença precisa de atitudes, não de verbalização.

Lembra-se da afirmação de Cristo a Nicodemos, com certeza reprovando o comportamento dele, quando disse que ele precisava nascer de novo? Nicodemos não compreendeu e retrucou que tinha quarenta anos e não poderia nascer de novo.

> *Este pode ser um enigma ou, por outro lado, uma solução para muitos doentes.*

Foi uma solução para Saulo, ou melhor: para *Paulo, o Apóstolo.*

Rua Dona Inácia Uchoa, 62
04110-020 – São Paulo – SP (Brasil)
Tel.: (11) 2125-3500
http://www.paulinas.com.br – editora@paulinas.com.br
Telemarketing e SAC: 0800-7010081